普 天 之 下 · 盡 是 好 書

普天出版家族
Popular Press Family

凌雲文創
A-Plus Creative Company

不要讓情緒綁架自己的人生

情緒決定你的格局

How to Broaden Your Horizons

法國文豪巴爾札克曾經寫道：

「因為情緒而行事，只會莽撞草率地毀壞自己，應該讓心情冷靜下來，讓自己的頭腦更加清醒。」

一個人管理自己情緒的能力，往往代表一個人的格局。情緒會影響人的生命能量，也左右著自己如何面對周遭發生的大小事情。睿智豁達的人會用正面的思緒處理問題，至於消極、悲觀和無法掌控自己情緒的人，最後就只能任由負面情緒左右自己的人生。

凌 雲 編著

• 出版序 •

不要讓情緒綁架你的人生

真正成熟睿智的人，既不會被自己的情緒擺佈，也不會用情緒勒索別人，而是會冷靜而理性地面對問題。

法國文豪巴爾札克曾經寫道：「因為情緒而行事，只會莽撞草率地毀壞自己，應該讓心情冷靜下來，讓自己的頭腦更加清醒。」

一個人管理自己情緒的能力，往往代表一個人的格局。情緒會影響人的生命能量，也左右著自己如何面對周遭發生的大小事情。

睿智豁達的人會用正面的思緒處理問題，至於消極、悲觀和無法掌控自己情緒的人，最後就只能任由負面情緒左右自己的人生。

路易曾經是美國叱吒一時的拳王，在拳擊場上戰無不勝，可說是打遍了天下無敵手。

雖然路易擁有一副好身手，但是從來不仗勢欺人，待人處事相當謙恭和善、彬彬有禮，在台上猶如一頭勇猛獅子的他，在台下卻是個和藹可親的好好先生。

有一次，路易和朋友一同開車出遊，路經一條狹窄的道路，在會車時不小心和一輛貨車擦撞了一下。

路易下車察看，只見自己的車子有幾道刮痕，倒也沒什麼大問題，乍看之下，對方的車子也沒有什麼毛病，心想大家各退一步，自認倒楣，也算是一個息事寧人的好方法。

正當路易準備上車的時候，對方卻下了車，惡狠狠地指著他的鼻子痛罵，並且不時夾雜一些不堪入耳的粗話。

路易雖然滿心不悅，但依然什麼也沒說，只是在一旁靜靜地聽著，等貨車司機發洩完之後，路易才回到車上，繼續他們的行程。

一路上，路易的朋友滔滔不絕地數落貨車司機的無禮行爲，還感到奇怪地問路易：「想到他那副盛氣凌人的樣子，就叫我恨得牙癢癢的，我從來沒見過這麼不講理的人！你又不是打不過他，剛才爲什麼不給他點顏色瞧瞧，好讓他知道你的厲害呢？」

路易笑了笑，一派輕鬆幽默地回答：「這又何必呢？你想，如果有人出言不遜，侮辱了麥克·傑克遜，你認爲麥克·傑克遜會隨著對方的節拍起舞，爲他高歌一曲嗎？」

寫實主義作家斯湯達曾經寫道：「惡劣的情緒不僅會損壞一個人出眾的才華，也會使人表現出蔑視一切的態度。」

不懂得控制自己的情緒，動不動就發怒，是粗鄙、淺薄的特徵。眞正成熟睿智的人，既不會被自己的情緒擺佈，也不會用情緒勒索別人，而是會冷靜而理性地面對問題。

拳王路易不輕易動怒的原因，不是因爲他天生脾氣好，而是他知道這些小事根本不值得他生氣。

當一個人擁有更多的力量，站到更高的地方時，他的世界也就更加寬廣，原本天大的事如今只剩下芝麻綠豆般大小，根本不足掛齒，更沒有必要爲它動怒。

活在複雜多變的社會，很難事事都順心如意，因此我們生活的週遭充斥著消極的思緒和負面的情緒。抱怨、指責、嫉妒、仇恨、惡意中傷……這些「情緒炸彈」如果任意投擲，經常傷害別人又傷害自己。

聰明的人要管理自己的情緒，才不致做出錯誤的判斷和衝動的行爲。

PART—1
用不服輸的精神　挑戰不可能

試著去挑戰不可能的任務，才能接觸到嶄新的領域，鍛鍊出更剛強的自己，就算最後沒有得到預期的收穫，也雖敗猶榮。

PART—2

你可以活得更快樂

事情總有一體兩面，為什麼不看看讓自己幸福快樂的一面，偏偏要去看讓自己抓狂或沮喪的那一面呢？

PART—3

用幽默 抵抗侮辱

生活中難免會有些小小的怨恨，但如果對一些微不足道的小事，我們也耿耿於懷的話，不只突顯了自己的氣量狹小，也間接使自己的名譽受到傷害。

PART—4

多點寬容 才能多些希望

越是人心惶惶的年代，越要發揮我們的良心與善心，只要多些理解，就能少些傷害；只要能多一點寬容，就能少一分衝突。

PART—5

與其暴跳如雷，不如從容應對

面對不合理的要求，暴跳如雷地和對方正面衝突，只會使雙方不歡而散，甚至兩敗俱傷。

PART—6

偶爾裝傻也不錯

鋒芒太露，只會招來更多無謂的阻力，況且智慧不是寫在臉上的，而是藏在腦子裡。

PART—7

走出壞情緒，會發現更多樂趣

壞情緒總該有個盡頭，除非你選擇要永無止盡地沉溺在裡面。要不要回到平靜的岸邊，決定權掌握在自己手中。

PART—8

看重自己，別人才會看重你

不讓他人踐踏自己，懂得尊重自己，同時也維持對自己專才的尊重，如此一來才能贏得他人的敬重。

PART—9

別讓責備增加誤會

想要避免錯怪別人，最好的方法，就是少責怪別人。不要去想別人有沒有錯，而要先想想自己做得對不對。

PART—10

嚥下怨氣，才能爭氣

不中聽的話是一把銳利的劍，可以刺穿你的心臟，但是你也可以伸手握住它，使它成為你的利器。

PART—11

經過磨練才能蛻變

挫折是人生的關卡，也是人生蛻變的轉機，憑著自己的意志，無畏無懼，才能通過困難的磨練，迎向海闊天空的人生。

PART—12

在逆境之中綻放笑容

人生免不了失敗，真正有價值的人，是在逆境中仍能綻放笑容的人。「困頓」其實只是一種心態，如果心像太陽，便能燃起新的希望。

1.

用不服輸的精神
挑戰不可能

試著去挑戰不可能的任務，才能接觸到嶄新的領域，鍛鍊出更剛強的自己，就算最後沒有得到預期的收穫，也雖敗猶榮。

別被現實擊倒心中的堅持

只要真心喜歡，就要堅持到底，到時候，縱使上天不拉你一把，你也能憑著自己的努力實現夢想。

有個小男孩由於反應慢、智商低，大家都笑稱他爲「木頭」。

在他十二歲那年做了一個夢，夢到他寫的文章得到諾貝爾獎。夢醒之後，他興奮得想要尖叫，可是爲了避免被人嘲笑，最後只把這件事情告訴了媽媽。

他媽媽知道以後，微笑著說：「假如這眞是你的夢，那你就努力去實現它吧！我聽說，當上帝把一個美好的夢想放在某個人心中時，他是眞心想要幫助那個人去完成。」

男孩相信媽媽的話，從此眞的喜歡上了寫作。

他相信，只要他禁得起考驗，上帝就會來幫助他實現夢想。

懷著這份信念，男孩日復一日地寫了三年，但是上帝並沒有來。又三年過去了，上帝還是沒有來，但是希特勒的部隊卻先來了。

身爲猶太人的男孩，被送進了集中營。熬過了無數個生不如死白天與黑夜，經歷了人間的最苦與最痛，男孩僥倖存活了下來。一九六五年，他終於寫出他的第一部小說《無法選擇的命運》；一九七五年，他又繼續寫出他的第二部小說，並且持續不間斷地寫出一系列作品。

就在他不再關心上帝是否會幫助他時，瑞典皇家文學院宣布：將二〇〇二年的諾貝爾文學獎授予匈牙利作家凱爾泰斯伊姆雷。那正是他的名字。

美夢成眞的諾貝爾文學獎得主，在與人分享他的得獎感言時，他說：「我並沒有任何特別的感受！我只知道，當你打定主意，告訴自己：『我就喜歡做這件事，多困難我都不在乎』時，上帝必然也會聽到你的話。」

其實，成功並不需要有多大的能耐，只需要你繼續做下去而已。

小的時候，有人說，「我要當警察，抓光天下的壞人。」也有人說，「我要當醫生，治好天底下所有的病人。」經過漫長歲月的考驗之後，我們會發現，如果從小堅定自己的志向，並且朝著那方面發展的人，多半都可以完成他們的願望，成爲他們想要成爲的人。

那些沒有實現兒時志願的人，不是他們的運氣比別人差，也不是他們的能力不如別人，而是他們在成長的過程中逐漸忘記了自己的夢想。

他們沒能實現願望，只因爲他們選擇放棄。

能夠堅持到底的人，才是最後的贏家。只要眞心喜歡，就要堅持到底，到時候，縱使上天不拉你一把，你也能憑著自己的努力實現夢想。

擁有意志力，終會得到勝利

只要你堅持「不服輸，不放棄」，還有什麼東西可以將你擊倒？還有什麼事情可以逼你低頭？

萊德非常尊敬自己的母親，在他心中，母親無疑是全世界最了不起的女人。她沒有一技之長，也沒有受過教育，生下兩個孩子之後失去了丈夫，卻毅然決然背負起養育萊德和他哥哥的責任。

當時，萊德的哥哥才五歲大，而萊德還是個不會走路的小娃娃。

到了萊德九歲的時候，他找到了一份工作貼補家用，在街上兜售報紙賺取微薄的利潤，好減輕家裡沉重的經濟壓力。

第一天出去工作時，萊德非常害怕，因爲他要獨自到鬧區去拿報紙，一直賣到天黑，再一個人坐公車回家。

好不容易才熬過了第一天，萊德就對媽媽說，他不要再去賣報紙了。

「爲什麼？」媽媽奇怪地問。

萊德理直氣壯地說：「妳不會希望我去的，媽媽。那兒的人全都髒話連篇，非常沒有水準，妳不會希望我在那種鬼地方跟那些人一起賣報的。」

媽媽聽了，只是平靜地說：「沒錯，我不要你跟那些人一樣，但是人家有沒有水準，是人家的事。你賣你的報紙，可以不必跟他們學。」

萊德無力反駁，只好硬著頭皮繼續去賣報紙，他知道這是媽媽希望他做的事，而且換做是他媽媽，她自己也一定會這麼做！

萊德持續做著這份工作，一直到了冬天的時候，路面積雪，站在寒風中萊德凍得四肢僵硬，看起來隨時都會昏倒的樣子。

有一天，一名富太太經過，看到萊德可憐的模樣，好心地遞給他一張五塊美金的鈔票，對他說：「這足夠付你剩下的那些報紙錢了。快點回家吧，否則你在外面會凍死的。」

但是，萊德並沒有聽從那位女士的話，相反地，他選擇去做媽媽也同樣會做的事。萊德婉謝那位女士的好意，然後繼續忍受著寒冷站在馬路上，把報紙全部賣光以後才回家。早在做這份工作之前，他就知道，冬天挨凍是意料中的事，不是偷懶的理由。

他的母親經常告訴他：「要是牛陷在溝裡，你非得拉牠出來不可。哪怕是颳風，或是下雨，不管你喜不喜歡，甚至你身體不舒服，你都沒有別的選擇，一定要把牛拉上來才可以。」

情緒決定你的格局

德國哲學家叔本華曾經寫過一段耐人咀嚼的話語：「喜歡抱怨的人，總是帶著有色的眼鏡看人生，把所有的快樂都看成不快樂，就好比美酒一到充滿膽汁的口中也會變苦一樣。」

抱怨無法改變你的處境，只會讓你喪失理性與冷靜。

要怎麼樣才可以讓我們熬過最難過的冬天，無論多麼痛苦也堅持不放棄呢？方法很簡單，每當你感到痛苦、想要放棄的時候，告訴自己：「我沒有退路，我非做不可！」你就自然而然就能夠繼續撐下去。

當你沒有其他籌碼的時候，唯一僅存的資產就唯有「意志力」而已。

只要你堅持「要學好，要做對」，只要你堅持「不服輸，不放棄」，還有什麼東西可以將你擊倒？還有什麼事情可以逼你低頭？

只要你不讓自己有其他的選擇，便能忠於自己最初的選擇。如此一來，擺在你眼前的，就只會有一條路，那條路的終點，叫做「成功」。

不想放棄，就要多加爭氣

只要對生命仍然充滿希望，不輕易放棄自己的人生，對一個人而言，還有什麼事情比擁有這種積極的想法還要幸運？

有個富翁在一夕之間賠光了家產，並且欠下了大筆的債務。他失去了他的房子、汽車，就連妻子和子女也都離開了他。

唯一陪伴他的，只剩下一隻他養育多年的老狗。生意失敗的老人帶著他的狗四處飄零，走過一村又一村，怎麼也找不到一個落腳之地。

一天夜裡，天空忽然飄起了大風雪，老人身無分文，只能穿著單薄的衣衫躲在一處偏僻村莊的破廟裡。

那晚寒風刺骨，老人感到無比地絕望，甚至想要結束自己的生命。幸好始終陪伴在他身邊的老狗給了他一絲安慰，讓他對人世還有一些眷戀。

沒想到隔天一早，老人一覺醒來，竟然發現他心愛的狗被人殺死在廟門外。天哪！上天對他實在太殘忍了！他實在找不到任何理由繼續活下去！

老人決定再看這個世界最後一眼，然後就追隨他的狗而去。這時，他察覺到一件不尋常的事：整個村莊安靜得可怕，一點人的聲音都沒有。

老人不由得快步走到街上去，啊，怎麼會這樣呢？

只見整個村莊四處除了屍體，還是屍體，一片狼藉，一個活口也沒有留下來，顯然是昨晚遭到了匪徒的洗劫。

看到這種悲慘的場面，老人不禁心念急轉，村中所有的人都死了，只有他是唯一的倖存者，那麼他又怎能不堅強活下去呢？

雖然失去了財富，失去了家人，失去了心愛的狗兒，但至少他還擁有生命，這才是人生最寶貴的東西的，不是嗎？

打從破產以來，老人第一次重新展開了笑容，雖然他的遭遇很不幸，但是他卻已經比很多人都幸運。

情緒決定你的格局

人生來就是不平等的，當你感慨自己比不上別人的時候，不妨想想那些不如你的人，你會發現，上天對你其實已經是多麼的偏愛！

當你感到自己的人生已經了無希望的時候，轉頭看看其他人吧，在很多方面其實你已經比很多人都還要幸運。

或許你破產，或是失去了最愛的親人，抑或是因爲意外而有了肢體的殘缺，或許你歷經了諸多的不幸，然而只要你還活著，只要你願意爭氣一些，就能夠開創另一番全新的生命。

只要對生命仍然充滿希望，不輕易放棄自己的人生，對一個人而言，還有什麼事情比擁有這種積極的想法還要幸運？

懂得忍耐才有機會成為表率

每個成功的人，都有一份刻苦的情操。他們之所以能夠忍人所不能忍，是因為他們把痛苦當成生活的一部分，坦然地接受。

古河出生於貧苦人家，從小就靠著幫人做豆腐維生。雖然他不像其他同年齡的孩子可以無憂無慮地讀書玩耍，但是卻一點兒也不埋怨。相反地，不管什麼時候看到他，他的臉上卻總是堆滿了笑容。客戶們喜歡吃他做的豆腐，更喜歡看他笑著做豆腐的模樣。

古河長大以後，改行去幫人收債。這不是一件好做的差事，因爲被追債的人根本不可能給他好臉色看。

但是古河不改他的好脾氣，總是彬彬有禮地對人說話。若是欠債的人不理他，把他一個人晾在門口，古河就一直坐在門口，不吃飯，也不說話，就這麼靜靜地微笑著，從天黑坐到天亮，再從天亮坐到天黑。

欠債的人看見古河又飢又冷，卻仍然滿臉笑意沒有一點生氣的樣子，往往都會被他感動，立刻想辦法籌錢交還給他。

後來，古河買了一個廢棄的銅礦坑，成爲日本的礦業大王。

當人們問他有什麼的成功秘訣時，古河這麼說：「我的成功秘訣，無非只是忍耐二字。」

情緒決定你的格局

碰到難以解決的問題，非但不能受到負面情緒影響，相反地，更必須學會用自己的理智控制怒氣，千萬別讓負面情緒主導自己的思緒。

成功原本就不是一件容易的事，而且通常越是接近成功的時候，越是困難重重。因此許多人總是在最後關頭放棄，功虧一簣，只有少數人能夠堅持到最後一刻，得到眞正的成功。

每個成功的人，都有一份不抱怨的情操。他們之所以能夠忍人所不能忍，是因爲他們把痛苦當成生活的一部分，坦然地接受。

別人給他難堪，他就設法讓自己不覺得難堪；環境令他痛苦，他就努力在痛苦當中尋找快樂。

正是因爲他們始終保持一顆樂觀的心，相信自己的等待會有結果，相信自己的忍耐會有回報，所以他們總是能夠忍受最大的痛苦，不抱怨環境，也不因爲一時賭氣，做出令自己後悔的事，因此才能獲得最大的成功。

勇敢向前，才不會有遺憾

如果想要走出自己的路，必定要忍受旁人異樣的眼光，忍受不被了解的痛苦，才能去到沒有人到達過的境地。

美國少年斯克勞斯受到裁縫師母親的影響，從小就喜歡時裝。

雖然家境貧寒，但是斯克勞斯仍然運用家裡的每一分資源，立志要成爲一名出色的時裝設計師。

他經常不顧父親的責備，把母親裁剪後的布角偷來，東拼西湊地做成各式各樣的小尺寸衣服。

漸漸地，小小的衣角已經滿足不了斯克勞斯的創作慾望，有一天，他突發奇想，把家門口涼棚上撤下來的廢棚布拿來，做成了一件衣服，並且穿著自己做好的新衣服走在街上。

竟然把粗糙的廢棚布穿在身上？這個人簡直瘋了！所有人都覺得斯克勞斯的腦袋有問題，只有斯克勞斯的母親感受到兒子對服裝設計的熱愛，鼓勵兒子去向時裝大師戴維斯請教，希望自己的兒子將來能夠成爲一名像戴維斯一樣成功的時裝設計師。

於是，十八歲的斯克勞斯帶著自己設計的那些棚布衣，來到了戴維斯的時裝設計公司。

當戴維斯旗下所有的設計師看到斯克勞斯設計的衣服時，都忍不住哄堂大笑。這算什麼衣服嘛？粗布做成的衣服怎能算是衣服呢？但是，戴維斯卻看出了斯克勞斯的潛力，將他留了下來。

之後，斯克勞斯在戴維斯的鼓勵下，設計出許多不同款式的衣服，但是這些衣服都有一個共同的特性，就是它們都同樣是運用棚布製成的。

斯克勞斯雖然表現出他獨特的創意，可是卻沒有一個廠商對斯克勞斯的衣服感興趣。整整好幾年，斯克勞斯設計的衣服沒有一件賣得出去，就連戴維斯都開始對自己的眼光感到懷疑。

後來，斯克勞斯把自己設計的衣服轉往非洲販賣，由於這種粗布衣褲價格低廉又實穿耐磨，立刻引起了當地勞工的喜愛，訂單一筆接著一筆。

斯克勞斯又趁勝追擊，將那些粗布衣服做成適合旅行者穿的款式。

人們驚奇地發現，那樣的衣服穿起來不但別有風味，而且不分季節，任何年齡的人都可以穿。

一時間，粗布衣風靡了整個時尚圈，那就是以斯克勞斯與戴維斯爲品牌的EDWIN牛仔衣。

情緒決定你的格局

羅伯．弗洛斯特的詩中寫道：「在人生的路途上，有兩條岔路在我面前，我徘徊、深思了許久，最後，終究是選擇了較少人走的那條，於是，一切不同之處，由此開始。」

如果想要走出自己的路，必定要忍受旁人異樣的眼光，忍受不被了解的痛苦，忍受一路上沒有同伴的寂寞，才能去到沒有人到達過的境地。

你的人生是你自己的，就算有千萬人反對你，也要勇敢前進，沒有人可以替你做決定，也沒有人能夠替你負責，逞一時意氣，只會使自己悔不當初。

如果你認爲某些事情，如果沒有去做就會抱憾終生，就放膽去做吧！先不要去管結果會不會成功，因爲成功只是一時的，但是遺憾卻是一輩子的。

勤奮不懈，凡人也能成就大事業

正所謂「一勤天下無難事」，天底下沒有到不了的地方，只是看你願不願意走而已。

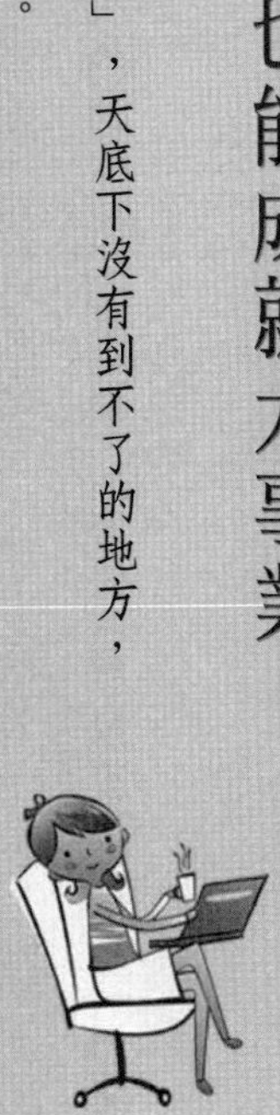

國王想從四個王子中挑選出一位接班人，爲了考驗四個王子當中誰最優秀，國王決定讓他們分別前往一個叫做卡倫的地方，只要誰可以最先帶回一朵卡倫那兒特有的藍色玫瑰花，誰就可以成爲國王的接班人。

只是，卡倫這個地方據說從來沒有人成功的到達過，到卡倫的途中，必須翻過崇山峻嶺，穿過草地、沼澤，還要涉過無數條江河，沒有人能夠正確地說出來卡倫究竟有多遠，究竟要花多少時間才能夠抵達。

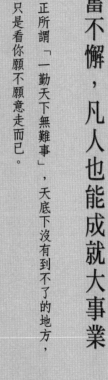

儘管如此，四個王子還是勇敢地出發了。

大王子乘車走了十幾天，翻過了三座大山，來到一片一望無際的大草原。他詢問附近的人家，知道要到卡倫還得要先穿過草地，跋涉過沼澤，接著還要穿越大河、雪山……聽完之後他立刻決定打道回府。

二王子乘車穿過了草地，來到了沼澤前面，看見沼澤沒有辦法坐車通過，就決定掉頭回家。三王子把車子留在草原上，成功地涉過沼澤，接著再穿越了兩條大河，一直走到腳磨破了，疼痛難耐，他才決定放棄。

一個月以後，三個王子陸續回到了皇宮，向國王稟報他們沿途的見聞。每個王子都強調，他們沒有到達卡倫，不是因爲他們沒有盡力，而是因爲卡倫實在太遠了，根本不是人的能力所能及。

但是，又過了五天，小王子風塵僕僕地回來了，手上拿著一朵卡倫特產的藍色玫瑰。他興奮地對父親說，卡倫雖然眞的很遠，但是其實也並沒有如同想像中那麼遙不可及。

國王滿意地笑了，決定任命小王子爲王位的繼承人，因爲他的四個兒子當中，只有最小的這個兒子明白：腳始終都比路長。

情緒決定你的格局

天底下沒有到不了的地方，只是看你願不願意走而已。

小王子不一定是四個王子當中最英明、最強壯、最有能力的那一個，他之所以能夠脫穎而出，只因爲在別人都放棄的時候，他並沒有放棄。

造成一個人成功的條件未必是高學歷、高知識、高智商，更有可能只是每個人都可以具備的勤奮、勇氣、毅力。

正所謂「一勤天下無難事」，只要你確知自己的目標是什麼，並且爭氣一些，願意咬緊牙關走下去，那麼即使你用的是最笨的方法，也一樣可以完成聰明的事，成就一番大事業。

用不服輸的精神挑戰不可能

試著去挑戰不可能的任務，才能接觸到嶄新的領域，鍛鍊出更剛強的自己，就算最後沒有得到預期的收穫，也雖敗猶榮。

從小患有小兒痲痺症的她，總是覺得自己和別人不一樣。因爲行動不便，令她感到非常憂鬱和自卑，就連醫生建議她做的復健運動，她也刻意充耳不聞。

爲了逃避別人異樣的眼光，她刻意遠離人群。她唯一的朋友，是隔壁一位和她同病相憐，只有一隻胳膊的老人。

老人是在一場戰爭中失去一隻胳膊的，但是他非常樂觀，總是喜歡用幽默的語調講故事給她聽。

一天，她被老人用輪椅推著去附近的公園散步，公園裡有一群孩子在唱歌，每個人看起來都十分認眞投入的樣子。

當一首歌唱完，老人提議說：「我們替他們拍拍手吧！」

她吃驚地看著老人，不禁納悶地問道：「我的手臂動也不能動，而你只有一隻手，怎麼鼓掌啊？」

老人笑了笑，舉起他僅存的一隻手，用力拍起了自己的胸膛。

她突然覺得老人這個舉動同時也擊中了她的心。

老人對她說：「看吧，只要努力，一個巴掌一樣可以拍得響。只要妳肯努力，總有一天一定可以站起來！」

那天回到家裡，她主動要求父親帶她回醫院開始做復健。無論復健的過程多麼艱難和痛苦，她都咬牙堅持著。只要身體的狀況有一點進步，她就會花更多的時間來尋求更大的進步。

復健過程帶來的每一分痛苦，都深入筋、刺進骨，但是她仍然不放棄，不斷在心裡告訴自己，一個巴掌一樣可以拍得響，她要像其他孩子一樣行走、奔跑。她一定要康復！

到了她十一歲時，她終於可以扔掉支架，像個正常人一樣自由地行走。但是她仍不滿足，繼續挑戰籃球和其他田徑運動。

一九六〇年，羅馬奧運女子一百公尺賽跑決賽，當她以十一秒一八的成績登上冠軍寶座時，全場觀眾都動容地站起來，齊聲歡呼這個美國黑人女孩的名字：威爾瑪．魯道夫。

情緒決定你的格局

威爾瑪．魯道夫從一個行動不便的孩子，蛻變成爲世界上跑得最快的女人。在她的運動生涯中，一共摘取了三面金牌，也是史上第一個黑人奧運女子百米賽跑冠軍。

覺得自己能做到和不能做到，其實只在一念之間。

每個偉大壯舉的完成，剛開始總是令人覺得不可能。但是只要肯去嘗試，就會多一些可能。

生活從來不是簡單的。如果你只肯揀容易做的事情來做，那麼你的生命只會逐漸萎縮。

要試著去挑戰不可能的任務，才能接觸到嶄新的領域，鍛鍊出更剛強的自己，就算最後沒有得到預期的收穫，也雖敗猶榮。

不要因爲覺得自己做不到，就灰心不去做你應該做的事，事情的結果不能光憑感覺來判斷，非得要眞的去做了，你才會眞的得到結果！

目光精確，才能緊抓機會

人的世界並不像自然界那般四季分明。我們怎麼知道寒流過了還會不會再有另一波更冷的寒流？

傑森九歲那年的冬天，爸爸帶他到爺爺家一起過聖誕節。

爺爺家門口有一排無花果樹，其中有一棵樹的樹皮已經剝落，枝幹也不再呈現暗青色，而是已經完全枯黃。

傑森像發現新大陸似的，著急地對爺爺說：「爺爺，那棵樹已經死了！我們趕緊把它砍了吧！另外再種一棵。」

可是，爺爺卻不這麼認爲，回答說：「也許它現在看起來的確是不行了，可是說不定它是正在養精蓄銳呢！等到冬天過去以後，或許它還會萌芽抽枝。孩子，你要記住，不要在冬天的時候砍樹。」

爺爺說得沒錯，第二年春天，這棵在冬天明明已經枯槁了的無花果樹，居然眞的重新萌生新芽，和其他的樹木一樣感受到了春天的氣息，除了幾根壞死的枝芽以外，其餘的部分仍然充滿了生命力。

到了夏天，整棵樹看上去和其他健康的樹根本沒有分別，它們都是一樣地枝繁葉茂，綠蔭宜人。

情緒決定你的格局

當情況最壞的時候，不要就此放棄，因爲說不定事情還會有轉機。

對樹而言，影響它們生長的最大因素是天氣；對人而言，決定他們成功與否的因素則是景氣。

景氣越壞的時候，越要撐下去。只要你撐得過去，等到景氣復甦的時候，說不定還可以有一番作爲，要是在那個時候放棄了，便永遠不會知道自己錯過了什麼大好機會。

然而，對人而言最困難的不是熬過低潮，而是人的世界並不像自然界那般四季分明。在自然界裡，我們可以清楚地知道冬天來了，春天也不遠了。但是在社會上，我們怎麼知道幽深的山谷之下還會不會有更深的谷底，寒流過了還會不會再有另一波更冷的寒流？

能夠讓我們依靠的準則或許不是「不要在冬天的時候砍樹」，而是當冬天過去之後，樹卻沒有絲毫生長的跡象時，就趕快很下心來把它砍掉吧！

不逃避，才更有勇氣

只要是我們應該做的事，我們就不應該找藉口逃避，應該更加爭氣，全力以赴地去做。

有一個小小的漁村，這裡的居民世世代代都以捕魚維生。

幾百年以來，漁民們每天都出海打魚，也像幾百年來一樣，不是所有的人都可以平安返航，特別是在風暴怒吼、波濤翻滾的秋天。

然而，不管人們聽到了多少次自己的親人、夥伴的死訊，他們都仍然硬著頭皮，繼續爲父兄們遺留下來的這份危險而繁重的事業奮鬥。

他們知道，想要居住在這塊土地上，不向海洋挑戰是不行的。

海岸邊，迎海矗立著一塊巨大的花崗岩。打從很久很久以前，漁民們就在石頭上刻下了這樣一段題詞：紀念在海上已死和將死的人們，令外人看了感到既傷心又無奈。

然而，這裡的漁民們卻一點都不感到悲傷，他們認爲這是一句很勇敢的題詞。它說明了，就算明知道會死，人們也永遠不會屈服，不管在多麼艱難的情況下，他們都要繼續自己的海洋事業。

這段話不只是獻給那些願意爲事業犧牲的人們，更是爲了要紀念那些曾經征服和將要征服海洋的人們。

人生最大的恥辱不是恐懼死亡，而是恐懼生命中所遭遇到的挑戰。安全平穩的道路，每個人都會走，但是想要走出一條與衆不同的路，勢必要經歷一些危險、一些恐懼、一些未知的體驗。

只要不怕失敗和挫折，就可以拓展自己的潛能，超越從前的自己。

過去沒有人做到的事情，你未必做不到，只要你跨越了恐懼那道關卡，你會發現自己什麼事情都做得到。

我們可以因爲某件事情「不值得做」而不去做，但是我們不可以因爲「害怕」而不去做。只要是我們應該做的事，我們就不應該找藉口逃避，應該更加爭氣，全力以赴地去做。

不管遇到任何難關，我們都要告訴自己：「環境沒有問題，問題都發自我們的內心。」

如此一來，我們才能克服環境，登上人生更高峰。

2.

你可以活得更快樂

事情總有一體兩面，為什麼不看看讓自己幸福快樂的一面，偏偏要去看讓自己抓狂或沮喪的那一面呢？

生不生氣，靠自己選擇

氣由心生，人在盛氣中，很容易造成「誤判」的錯事，浪費了許多寶貴的時間和精神，既吃力又不討好。

佛經有云：「憤怒是一把無名火」；新約聖經裡也有一句話說：「人在憤怒時，都是瘋狂的。」

想要徹底戒除易怒的習慣，就要先找出原因，然後對症下藥。

有一個脾氣暴躁的人，只要遇到不如意的事，小則火冒三丈，大則暴跳如雷，完全無法控制自己的情緒。

他的脾氣令身邊的人忍無可忍，不但自己丟掉了工作，妻子也離他而去，沒有人願意和他交往。

於是，他下定決心，立志要改正自己易怒的習性。

他仔細檢討自己從以前到現在每一次動怒的原因，發現自己每次發脾氣，都是因爲看不慣別人的行爲，或是與人一言不合所引起的。他認爲，只要不與人接觸，不和人交談，就可以避免動氣，調整自己的心性了。

因此，他決心把自己關在家裡，整整一個禮拜足不出戶，遠離人群，藉此磨練自己的脾氣。

一個人在家，雖然寂寞，倒也太平無事，日子一天天很快就過去了。眼看一個禮拜的期限就要到了，自己修身養性的功夫也快大功告成，於是他歡天喜地地從冰箱裡拿出一瓶香檳，準備開懷暢飲，好好慶祝一番。

沒想到冰凍後的酒瓶是如此冰涼，他一手沒拿穩，整個瓶子就掉了下來，「哐」一聲摔在地上。

眼見名貴的香檳潑灑了一地，還伴隨著四處迸射的玻璃碎片，這人一氣之下，發了瘋似的對著冰箱又踢又踹，結果一不小心踩到地上的玻璃，痛得哇哇大叫。

滿是鮮血的腳掌像是一記當頭棒喝，終於讓他恍然大悟。

他望著凌亂的廚房，感到無比的自責，以前他總認爲發怒是來自別人的招惹，現在只剩下自己一個人，卻還發這麼大的脾氣，可見自己發怒根本與他人無關，不能怪誰，完全是從自己心裡而來的。

情緒決定你的格局

生氣是一種選擇，也是一種習慣。

相同的，不生氣也是一種選擇，一種習慣。

沒有人喜歡生氣，卻仍然很難避免，一旦受到了外在環境的刺激，只要是凡人，就很難不生氣。然而，氣由心生，人在盛氣中，很容易造成「誤判」的錯事，浪費了許多寶貴的時間和精神，既吃力又不討好。

要培養對外在環境的免疫力，是需要時時抑制和自省的，如果說生氣是一種習慣，那麼從今天開始，請培養不生氣的習慣吧！

把讓自己懊惱的事情忘掉

活在當下，珍惜眼前的一切，既然事情已經發生了，就讓它過去吧，懂得向前看的人，才能發現生活中更多的智慧。

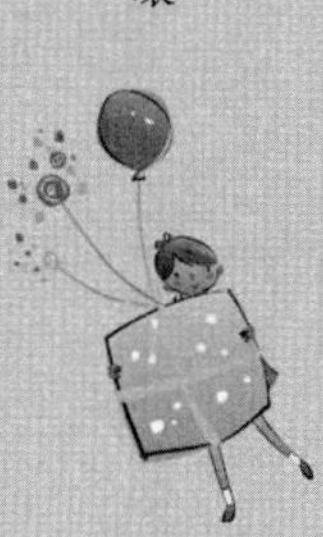

有一位品學兼優的學生，成績總是名列前茅，還經常代表學校參加各式的比賽。雖然他集所有的光環於一身，但是，完美主義的個性卻使他容易憂慮，只要犯了一點小錯，就會耿耿於懷，一整天愁眉苦臉、自怨自艾，即使得到了九十九分，也仍會爲失去的那一分而難過不已。

有一天，全班同學興高采烈地湧入物理教室，準備進行大家期待已久的實驗。忽然，「哐」的一聲，一位同學一不小心，把做實驗的杯子打破了，杯子裡頭的食鹽水灑了一地。

闖禍的同學一緊張，便嚇得在一旁嚎啕大哭了起來。

這時，老師召集所有同學，指著地上的碎玻璃說：「好好記住這一課，這杯食鹽水已經沒有了，任憑你怎麼焦急，怎麼埋怨，怎麼後悔，都沒辦法再挽回一滴，因為它已經全部漏光了。如果當初小心一點，多留意一點，可能這杯食鹽水不會被打破，但是，現在已經太遲了，我們所能做的，就是收拾乾淨，然後把它忘掉。」

老師遞了張面紙給那位仍在哭泣的同學，溫和卻嚴肅地說：「把眼淚擦乾，永遠不要為打翻的水哭泣。」

這雖然只是個小小的插曲，但看在那位「永遠第一名」的學生眼中，卻產生了莫大的衝擊。

他發現自己之所以終日鬱鬱寡歡、愁眉不展，是因為自己總在為那些打翻的水哭泣，老是想著做錯的事情，覺得要是當初沒有這麼做就好了。然而，那些憂慮並無濟於事，只是加深自己的煩惱而已，所以最好的辦法，就是徹底把這件事忘掉，然後勇敢地繼續前進。

莎士比亞說過：「為以往的事忙碌操心的人，只是徒費心神而已。」再怎麼擔心、憂慮、懊惱，也無法追回逝去的時光，所以，花費這些心力又有什麼意義呢？

成長的副產品就是後悔，當你會爲做過的事後悔，就表示現在的你，已經比當時成熟懂事多了，下一次，若再遇到同樣的事情，一定能把它處理得更好，這不就已經足夠了嗎？

活在當下，珍惜眼前的一切，既然事情已經發生了，就讓它過去吧，懂得向前看的人，才能發現生活中更多的智慧。

面對黑暗，請先點亮手中的燭光

面對周圍的黑暗，如果自己不先點亮燭光，別人又怎麼會注意到你的存在和付出？

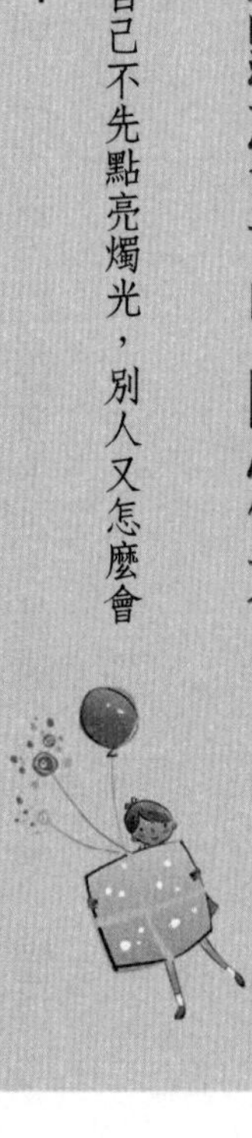

一九三三年，正是美國經濟極度不景氣的時候，哈里遜紡織公司卻因一場大火而化爲灰燼，同時也讓三千名員工的生計立刻成了問題。

不少人建議董事長領完取保險公司的理賠金，乾脆宣佈倒閉，一走了之算了，但董事長卻否定了這種做法，仍然以員工的福祉爲優先。

不久之後，董事會發佈了聲明，決定繼續發給員工一個月的薪水，消息傳來，員工們又驚又喜，既感激又感動，紛紛向董事長表示感謝之意。

一個月很快就過去了，員工們又開始爲下個月的生計發愁，董事長毅然決然地，再度宣佈支付全體員工一個月的薪水。

此時，報章雜誌議論紛紛，經濟學者也一個個跳出來說話，大多數人都批評董事長太過感情用事，這種虛擲金錢的做法，既吃力又不討好，還會使哈里遜企業連東山再起的資金都沒有。

然而，董事長卻完全不被這些負面的意見動搖，仍然堅持員工的生計比企業的存活更重要。

終於，董事長的作風激發了員工們投桃報李的決心。

第二天一早，三千名員工自動回到被大火燒燬的工廠，分工合作清理廢墟、整修機器，不分晝夜地賣力工作，恨不得一天有四十八個小時，能盡快把工廠恢復原來的面貌，開始生產作業。

員工的積極投入，使哈里遜企業浴火重生，在短短三個月之後重新步上軌道。現在，哈里遜企業旗下的分公司已遍佈全球六十多個國家，成爲美國最大的紡織公司。

樂聖貝多芬曾經說過：「卓越的人的一大優點就是，在不利與艱難的遭遇裡，他們往往表現得百折不撓。」

在遍地黃金上建築夢想並不困難，但是，要在滿目瘡痍中創造希望，卻一點而也不簡單。

人可以失去一切，卻唯獨不能放棄希望，不管處在多麼困厄的環境下，你都要給自己一個繼續努力的目標。

面對周圍的黑暗，如果自己不先點亮燭光照亮別人，別人又怎麼會注意到你的存在和付出？

自助才能獲得天助，懷抱遠大理想，懂得付出的人，必定能在絕望處發現成功的希望。

柳暗花明，總在山窮水盡的背後

就算人生走到了山窮水盡的窮途末路，也要激勵自己，只要翻過這座山頭，也許就能看見柳暗花明的新世界。

傑克．倫敦從小便立志成爲一個大作家，到了大學時期，更有三分之二以上的時間都在寫作。他強迫自己每天至少要寫上五千字，還曾經創下紀錄，用短短二十天的時間完成一部小說。

這種積極的態度，很快地反映在文章的水準上，他的短篇小說〈海洋外的颱風〉便一舉奪下了舊金山回音報小說獎第一名。

這個獎項雖然肯定了他的才華，但是他所獲得的獎金，卻微薄得連繳納積欠的房租都不夠。

身爲窮苦人家的孩子，傑克．倫敦似乎沒有太多的選擇餘地，沉重的生活壓力，壓得他不得不向現實低頭，於是他加入了前往西部的淘金隊伍，每天工作十個小時以上，期待能因此有不同的生活。

很遺憾的，奮鬥多年終究還是失敗了。一貧如洗的他，回到了家鄉之後，原本執筆的手，不得不用來替人洗碗、掃地，甚至在碼頭做零工。

但是，生活的滄桑反而激發了傑克．倫敦創作的火花。他把賺得的錢全用在墨水和稿紙上，寫作成了他生活裡唯一的娛樂，同時他也不斷地告訴自己，雖然日子過得清苦，但只要還有夢想，就一定會有希望。

一年冬天，傑克．倫敦走在路上，不知道該如何是好。因爲，他的口袋裡只剩下一塊錢，如果把錢拿去買麵包，那就沒辦法買墨水寫字；如果買了墨水，也許作品還沒完成，自己就已經餓死了。

傑克．倫敦步伐沉重，始終打不定主意。但就在猶豫不定的時候，奇蹟出現了，一家大出版商相中了他的作品，此後短短一年之內，傑克．倫敦就發表了一百多部作品，更一躍成爲美國文壇最受歡迎的作家。

哲學家史賓諾莎曾經寫道：「一個人被情緒支配，行為便沒有自主之權，進而讓自己被命運宰割。」

不管身處的環境多麼艱困，都不要讓負面思緒支配自己。要隨時抱著樂觀進取的精神，積極活在當下，生命才能減少懊悔和遺憾。

就算人生走到了山窮水盡的窮途末路，也要激勵自己，但只要翻過這座山頭，峰迴路轉之後，也許就能看見柳暗花明的新世界。

天無絕人之路，每個人都有自己獨特的價值，重要的是你怎麼盡快發現自己的生命密碼，開啓成功的那一扇窗。

不要責怪命運，不要忌恨別人。每個人都有自己成功的時間表，不要抱怨成功來得太晚，而是要時時提醒自己，千萬不要還沒功成名就，自己就已經未戰先降，失去了奮鬥的勇氣。

你可以活得更快樂

事情總有一體兩面，為什麼不看看讓自己幸福快樂的一面，偏偏要去看讓自己抓狂或沮喪的那一面呢？

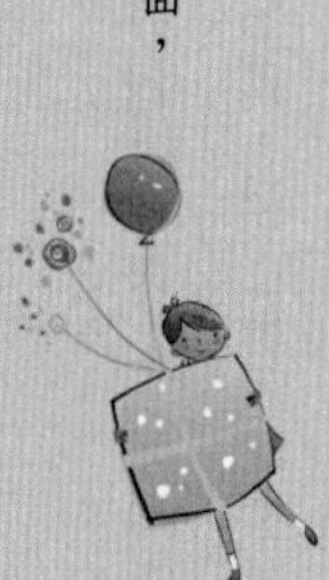

小戴爲了養家活口，一天得工作十六個小時，忙碌的工作使他身心俱疲，大家都說一日之計在於晨，但是對小戴而言，早晨才是痛苦的開始。

每到早晨，鬧鐘便預告他一天的工作即將展開，這總讓小戴感到無比的沮喪，不想面對刺眼的陽光。

一天，小戴起得特別早，心血來潮，便走進上班途中的一家小店喝咖啡，才剛踏進咖啡店，服務生就親切地對他說：「早安，早安，早安。」

一連說了三次早安，好奇怪啊！

更奇怪的是，小戴發現自己一點都沒有厭煩的感覺，反而覺得服務生的聲音既悅耳又誠懇，好像老朋友和他打招呼一樣。

「你的服務態度眞好！」小戴笑著說。

「哪裡，這是應該的。」服務生面對笑容回答：「我有很好的工作，又生活在這個美麗的寶島上，當然也要有良好的工作態度，先生，請問您要點些什麼呢？」

「一杯熱咖啡，謝謝。」小戴回答。

不一會兒，服務生端來了咖啡，愉悅地把咖啡放在小戴的桌上，一面閒聊著：「今天太陽好大，天氣眞好！」

「可是，氣象報告說今天會下雨。」

「下雨也是個好天氣啊！正好幫外面的花草樹木澆水，而且下過雨之後，空氣變得很清爽，不也是很舒服的一天嗎？」

小戴聽了感觸良多，開始不再害怕面對早晨了，走出咖啡店，抬頭仰望天空，終於體會到，原來眞正的太陽不是在窗外，而是在心裡。

情緒決定你的格局

牛頓曾提醒世人說：「愉快的生活，是由愉快的思想造成的。」

每個人都是建築自己幸福的工程師，眞正讓你快樂的，不是你遇到了什麼人或什麼事，而是你用什麼心態去面對這些人和這些事。

就算挨老闆的罵也不算什麼，因爲你可以慶幸自己還有份工作；萬一失業了，就當是給忙碌的自己放個長假吧！

只要時時保持樂觀的想法，即使外面的世界颳風下雨，也可以慶幸，好在還沒淹水。事情總有一體兩面，爲什麼不看看讓自己幸福快樂的一面，偏偏要去看讓自己抓狂或沮喪的那一面呢？

「心甘情願」，就是幸福的保證

有錢不一定快樂，長得漂亮也未必是幸福的保證，因為幸福沒有條件，只要你「覺得」幸福，你就真的能夠「得到」幸福。

小葳的丈夫是一名攝影師，有次爲了捕捉野生動物的風采，小葳跟隨丈夫來到非洲的沙漠。

那裡眞是一個可怕的地方，太陽大得像會吃人一樣，放眼望去，方圓百里沒有一片樹蔭，小葳整天待在帳棚裡不敢出去，因爲一走出帳棚，所看見、聽見、感覺到的，就只有一望無際的沙子而已。

待了一個月，小葳實在忍無可忍了，便寫信向父母親訴苦，抱怨她的處境比坐牢還慘，寧可死掉，也不想繼續待在這個鳥不生蛋的鬼地方。

過了幾個禮拜，父親回了一封信給她，上面只寫了三句話：「有兩個關在監獄裡的囚犯，不約而同地從鐵窗望出去，一個人看到的是滿地泥濘，另一個人卻看到了滿天星光。」

小葳讀完信後，頓時感到十分慚愧，比較起丈夫的堅忍不屈，自己就像個嘮叨的老太婆一樣，一天到晚只會不停地抱怨，從來不想試著接受身處的這片土地。從此之後，小葳豁然開朗，有了一份新的的領悟。

她看見的不再只是一片風沙，也看見了在漫天黃土中，西沉的夕陽竟是如此令人陶醉，她開始研究當地的仙人掌和土撥鼠，試著發掘這片刺激又驚奇的嶄新天地。

閱讀和寫作成了小葳生活裡的最大享受，她終於逃出了自己的監牢，看見了滿天星光。

什麼時候，你會覺得幸福，不對周遭環境忿忿不平？是中樂透彩的時候？是吃到垂涎已久的美食的時候？還是想起心上人的時候……

有錢不一定快樂，長得漂亮也未必是幸福的保證，因爲，幸福是沒有條件，只要你「覺得」幸福，你就眞的能夠「得到」幸福。

生活中最糟糕的狀況，莫過於任由負面情緒牽著脖子走，當情緒控制一個人的時候，理智就形同遭到綁架。

負面情緒無法改變你的處境，只會讓你喪失理性與冷靜，唯有拋開心裡的負面情緒，試著調整自己的心態，才有可能扭轉事態。

一切都是心的作用，只要改變心境，你就能改變自己的處境。

那麼，週遭些令人厭煩的人事物又有什麼大不了的呢？幸福無處不在，只要你願意，你就能隨遇而安，創造自己想要的幸福。

用寬容的心善待自己

既然是無法改變的事，就別再執著了吧！只要你能換個角度欣賞自己，自然就能看到自己與眾不同的優點。

阿全七歲的時候，既調皮又淘氣，只要媽媽一不注意，就跟著幾個同學到附近荒廢的農舍去玩。

農舍的閣樓距離地面有一層樓高，上面有個大大的窗戶，從窗戶放眼望去，只見一大片綠油油的草地，像極了柔軟又蓬鬆的地毯，任誰都想躺在這裡睡上一覺。

孩子們最喜歡玩的遊戲，就是從窗戶往外跳！像搭乘降落傘一般，體驗向下急衝的刺激感，要是不敢跳，就會被嘲笑是膽小鬼！

一天，男孩們又在玩這個百玩不厭的遊戲了，輪到阿全時，他站在窗欄邊，使勁地往下跳。但是，阿全的左手帶著一只戒指，這一跳，戒指勾到了窗邊的釘子，竟然把他的整根手指都拉斷了。

鮮紅的血不停從傷口冒出來，阿全淚如雨下，嚇得一動也不敢動，以為自己死定了，但是，當傷口痊癒之後，阿全卻沒有為此而煩惱。

貪玩雖然使他的左手只剩下四根手指頭，但是隨著時光的流逝，阿全也接受了這個事實。

對他而言，這並不是一件太糟糕事，只是跟別人有點不一樣罷了。

長大之後，有一次，他在路上看到了一個賣糖炒栗子的小販，令人詫異的是，他右手的手腕斷了，但是他卻仍用那隻沒有手掌的手，輕快地翻炒著鍋中的栗子。

阿全忍不住問這名小販：「少了隻手，會不會很不方便說呢？」

小販露齒一笑，一派輕鬆地說：「哪有什麼不方便？我根本不會去想到它，只有偶爾衣服破了，需要穿針引線時，我才會想起這件事來。」

能時刻懷抱感恩的心情，不被負面情緒支配，才是知足的幸福人。

沒有人是完美的，誰的身上沒有一些坑坑洞洞，或是多餘的贅肉呢？

如果一直盯著這些小缺陷看，跟自己生悶氣，等於是拿一面放大鏡，不斷地提醒自己的不完美。

相反的，如果能用一顆寬容的心善待自己，把這些缺點當作一件平常的事，那麼久而久之，你就自然就能對它視而不見了。

既然是無法改變的事，就別再執著了吧！只要你能換個角度欣賞自己，自然就能看到自己與眾不同的優點。

失意時，先替自己加加油吧！

套句頒獎典禮上的常用語，「入圍即是肯定」，人生匆匆，能夠得到一個「提名獎」，不也是一份得來不易的榮耀嗎？

老張最近遭遇了一連串打擊，因而得了憂鬱症。

其實，原本一切都很美好，在建築界奮鬥了二十幾年之後，最近突然有一家大財團與他聯繫，說是欣賞他的創意，有一件大工程指名要與他合作；又有一位從日本學成歸國的建築界金童，說是久仰他的大名，來信詢問是否願意加入他的工作室。

正當老張不敢相信他的好運時，一家出版社竟邀請他出書，希望能收錄他的設計作品。

那段日子裡，老張每天忙著規劃自己的人生遠景，著實春風得意了好一陣子，只是，沒想到後來劇情急轉直下。

還來不及慶祝，大財團的工程卻被另一位名家標走了，建築界金童的口氣也開始推託，電話才剛接通就說謝謝再連絡，最後，他在報紙上看到金童的工作室盛大開幕的照片，站在金童旁邊的，竟然是他一手提拔的學弟。至於出版社的書一拖再拖總算問世了，老張卻赫然發現，他的作品只佔了一個五平方公分不到的小角落。

從雲端上摔下來，而且還沒摔死，大概就是這種滋味了吧！別人的成功更清楚地突顯出自己的失敗，有好長一段日子，老張把自己關在房間裡，不出聲，不說話，以自暴自棄作爲對老天爺的抗議。

一直到有一天，老張翻閱自己收藏已久的電影雜誌，裡頭提到主演〈鐵達尼號〉的李奧納多，聲勢浩大，不可一世，最後卻只獲得了奧斯卡提名，連個獎盃都碰不著，他想，這不正是自己的寫照嗎？

於是，老張豁然開朗，開懷地笑了。

情緒決定你的格局

人生如戲，戲如人生，起起伏伏、哭哭笑笑，就是人生的最好寫照。就像搭火車一樣，前一秒鐘還晴空萬里，後一秒鐘就進了山洞，一片漆黑，伸手不見五指，一時的適應不良是難免的，但如果因此就怒氣沖沖地想要跳車，下場可想而知。

套句頒獎典禮上的常用語，「入圍即是肯定」，人生匆匆，能夠得到一個「提名獎」，不也是一份得來不易的榮耀嗎？

這已經說明了，你的演出有人肯定，你的表現值得大家鼓掌，至於大獎落誰家，就順其自然，看誰的八字比較好了！

樂觀，就是希望的明燈

達爾文曾說：「樂觀是希望的明燈，它能指引你從危險的峽谷中步向坦途，使你得到新的生命、新的希望，支持你的理想永不泯滅。」

有一名經驗豐富的登山隊員，和他的同伴在幽深的峽谷中迷路了。他們在峽谷中走了三天三夜，眼看著食物和水都已所剩無幾了，這道深谷卻依然看不到盡頭。

身邊的同伴終於忍不住忐忑、恐懼的心情，對著山谷大聲咆哮：「我真恨死了這座峽谷！」

這位登山隊員聽了夥伴的抱怨，只是淡然地說：「如果沒有峽谷，又哪來的高山呢？」

「有高山又怎麼樣？眼看我們就要葬身在這個無人的峽谷裡面了，而且死後，也不曉得有沒有人會發現我們的屍體，還管什麼高山呢？」同伴歇斯底里地反駁道。

「你會這麼悲觀，這麼生氣，是因爲你一直低著頭走路，所以只看得到土和泥沙的關係。」

「難道抬頭走路就會比較不絕望嗎？」同伴疑惑地說，並試著抬起頭來仰望浩瀚的藍天。

登山隊員問：「現在，你抬頭看到了什麼？」

「除了山還是山，什麼也沒有。」

「是啊，受困的時候，我就會抬頭仰望高山，想到不過是座山而已，根本什麼都沒有，就覺得沒什麼值得害怕的了。每次我遇到危險，都是這樣才安然脫困的。」

達爾文曾說：「樂觀是希望的明燈，它能指引你從危峽谷中步向坦途，使你得到新的生命、新的希望，支持你的理想永不泯滅。」

的確，在困境中，尋求突破的唯一方法，便是充滿希望，永不低頭，而不是生氣地指天罵地。

生氣不能解決問題，希望才是人生精神食糧。沒有平靜、湛然的心靈，路是走不長遠的。

困境、打擊都不可怕，最可怕的是失去理性，失去了對自己的信心，那才是眞的失敗的開始。

3.

用幽默抵抗侮辱

生活中難免會有些小小的怨恨，但如果對一些微不足道的小事，我們也耿耿於懷的話，不只突顯了自己的氣量狹小，也間接使自己的名譽受到傷害。

走出心中的監獄

再執著，再怎麼緊抓著仇恨不放，也不能改變發生過的事，只會使人一直停留在夢魘裡，怎麼會有放鬆、愉快的一天呢？

你的身邊是否也有些卑鄙無恥的小人？這些人總是專做壞事，令人恨之入骨。有朝一日，若是這些惡人都落在你手裡，你會輕易地放過他們嗎？

一位猶太人在納粹集中營裡受盡了折磨，目睹了一件件慘絕人寰的暴行，甚至親眼看見他的妻子、孩子被凌虐的手段折磨致死。

大戰結束後，他僥倖死裡逃生，但已無家可歸，反觀那些作惡多端的納粹分子，雖然死的死，關的關，卻仍有大批暴徒逍遙法外。

每當午夜夢迴，這個猶太人的腦海中便會浮現出一幕幕在集中營裡殘暴的畫面，他無法忘記家人慘死的模樣，也總會想起那些納粹分子不可一世的嘴臉。於是，他整天想著如何才能把那些逃跑的納粹分子一網打盡，把他們加諸在自己身上的痛苦，加倍奉還給他們。

爲了計劃這個報復行動，他去拜訪另一個曾和他關在一起的難友。

這位難友在戰後已開始重建家園，並踏實地計劃著自己的未來，對猶太人的提議顯得意興闌珊，一心一意只想做好自己手邊的工作。

猶太人氣呼呼地質問他：「你怎麼還能這麼心平氣和地工作？難道你忘了集中營裡發生過的事嗎？你就這麼輕易放過那群殘暴的傢伙了嗎？」

「過去的苦難我永遠不會忘記，但是我已經原諒他們了。」

「原諒他們？你叫我怎麼原諒他們？他們讓我家破人亡，生不如死，不看到他們全部都被處死，我是不會甘心的！」

這位朋友見了他咬牙切齒的模樣，只是平靜地告訴他說：「如果你持續抱著這種想法的話，代表著你仍然沒有走出心裡的監獄，那你又怎麼能得到眞正的自由呢？」

情緒決定你的格局

美國作家愛默生說：「如果你將一條鎖鏈拴在仇人的脖子上，那麼鎖鏈的另一端，就會拴牢在你自己的脖子上。」

再執著，再怎麼緊抓著仇恨不放，也不能改變發生過的事，只會使人一直停留在夢魘裡，怎麼會有放鬆、愉快的一天呢？

天大的錯事，自有老天爺來收拾，別人捅你一刀，你也回敬他一刀，試問你和他又有什麼兩樣？

人生的際遇本來就有高低起伏，也有好有壞，接受生命中的所有挑戰，人生才能變得更美好。

用幽默感抵抗侮辱

生活中難免會有些小小的怨恨，但如果對一些微不足道的小事，我們也耿耿於懷的話，不只突顯了自己的氣量狹小，也間接使自己的名譽受到傷害。

第二次大戰期間，瑞士宣佈維持中立，不介入任何戰爭，令在德國受迫害的猶太人找到一線生機，不斷地潛逃到瑞士避難。

這種情況愈來愈嚴重，德國的軍隊抓不勝抓，使得駐守兩國邊境的德國指揮官非常不是滋味，認爲收容德國的敵人就等於是和德國作對，對於那些不把德國放在眼裡的瑞士人，非找個機會給他們一點顏色瞧瞧！

一天，德國士兵奉命送給瑞士指揮官一個包裝精美的禮盒，瑞士指揮官感到受寵若驚，於是便小心翼翼地打開這個精緻的盒子。

豈知，才剛打開盒蓋，就聞到裡頭傳來一陣陣難聞的惡臭味，原來禮盒裡面裝的竟然是一堆馬糞！

隔天，瑞士也禮尚往來，派人送來了一只漂亮的禮盒，指名交給德國的指揮官。德軍指揮官早有心理準備，命手下的士兵把盒子打開，自己則站得離盒子遠遠的，一面掩鼻一面說：「用膝蓋想也知道，他們一定是想以其人之道還治其人之身，故意送禮盒來報復的，裡面絕對不會有什麼好東西！」

士兵把盒蓋打開之後，所有人都傻眼了，盒子裡裝的竟然是一大塊瑞士的頂級乳酪，並且還附了一張紙條，上頭寫道：「謹遵貴國的習俗，送上我國最美味的東西。」

瑞士指揮官以幽默的態度，回敬德軍一個小玩笑，讓原本侮辱別人的人，成了自己小心眼下的受害者，瑞士不費一兵一卒，便替自己扳回了一城。

古波斯作家薩迪曾說：「講話氣勢洶洶和容易生氣發怒，經常是暴露自己愚昧無知的一種行為。」

生氣不能解決問題，凡事必須三思而後行，以免做出讓自己後悔的蠢事，因爲，粗魯和草率的言行，都是那些失敗的傻瓜的共同特徵。

生活中難免會有些小小的怨恨，以恩報恩、有仇報仇是人之常情，但如果對一些微不足道的小事，我們也耿耿於懷的話，不只突顯了自己的氣量狹小，也間接使自己的名譽受到傷害。

遭到別人無禮的侮辱時，何不學學瑞士指揮官的做法，幽別人一默，也幽自己一默，讓自己保持好心情呢？

別當個「拒絕往來戶」

剛正不阿是件好事，但是一不小心，就會變成了盛氣凌人。實事求是也是一種優點，但是一旦過了頭，就會淪為吹毛求疵。

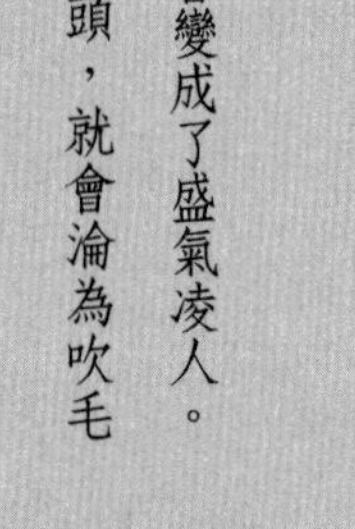

美國知名的政治家富蘭克林，年輕時曾是一個年輕氣盛的小伙子。他的個性古怪，喜歡鑽牛角尖，因此身邊的人對他都非常感冒，有好長一段時間，他一直是大家所公認的「拒絕往來戶」。

有一天，富蘭克林出外洽公，去拜訪一位德高望重的老先生，正要進門的時候，一個不小心，整顆頭正好撞在比他矮一截的門框上。

這一撞可撞得不輕，富蘭克林雖然心中有氣，卻仍然強忍著痛，向出來迎接他的老先生問好。

老先生看了他那副窘樣，不禁哈哈大笑地：「該低頭的時候就要低頭，否則受苦的就是自己。年輕人，你要好好記住，想要順利達成目標，光靠匹夫之勇是不夠的！」

老先生語重心長，似乎是針對富蘭克林說出意有所指的絃外之音。這番話就像一記當頭棒喝一樣，不偏不倚地打在富蘭克林的心頭上，給了他很大的啓發。

從此之後，他不再處處與人針鋒相對，就算發生了糾紛，也會主動退讓，不再逞口舌之快，而且一改從前驕傲的作風，成了一個受歡迎的人。

情緒決定你的格局

被譽爲「印度聖雄」的甘地曾經這麼說過：「只有差勁的木匠，才會花時間去跟自己的工具生氣。」

如果你是一個做不出「好傢俱」的「木匠」，最該做的事應該是檢討自己爲何做不出「好傢俱」，而不是只會跟自己的「工具」發脾氣。

因爲，你並不會在跟自己的「工具」生氣之後，就可以讓自己做出「好傢俱」，因此，與其花時間跟自己的「工具」生氣，還不如將這些生氣的時間，用來找出自己爲何會做不好的問題。

剛正不阿是件好事，但是一不小心，就會變成了盛氣凌人。

實事求是也是一種優點，但是一旦過了頭，就會淪爲吹毛求疵。

每個人都有自己的原則，在堅守原則的同時，也該尊重別人的原則，凡事力爭到底，或許眞的能夠幫你贏回眞理，但也同時替你招來了逞強好辯的惡名，吃虧的只是自己而已。

看過田裡的稻穗嗎？當稻穗長得越飽滿時，它的腰就彎得越低，很多時候，低頭也是一種力量。

別以為自己是世界的中心

培根曾說：「一個最可惡的人，是一切行動都以自我為中心的人。就像地球以自我為中心轉動，讓其他的星球在周圍環繞運行一樣。」

一個窮人騎馬來到外地，經過一家小店，這時正值用餐時間，於是他把馬拴在樹上，準備進去店裡吃飯。

此時，正好一位有錢人也騎馬來到這裡，打算把馬也拴在那棵樹上。窮人見狀，連忙阻止那位有錢人：「請你不要把馬拴在這裡，我的馬野性未馴，恐怕會踢中你的馬。」

「怎麼！這棵樹是你的啊？我愛把馬拴在哪裡就拴在哪裡，用不著你一個鄉巴佬多管閒事！」

有錢人很不客氣地應了回去，自顧自地把馬拴好，然後大搖大擺地走進店裡吃飯。過不了多久，屋外忽然傳來一陣嘶吼聲，窮人的馬果然野性大發，一腳就把有錢人的馬踢死了。

有錢人勃然大怒，不由分說地便扯住窮人的衣領，拉著他去見法官，要求窮人要爲此事做出賠償。

到了法官面前，任憑法官如何追問，窮人始終閉口不言、不發一語，令法官十分納悶。於是，法官問有錢人說：「他好像是個啞巴，不會說話，這該如何是好呢？」

有錢人心頭一急，連忙說：「他才不是啞巴！剛才我見到他時，他還跟我說了一些話呢！」

「喔！那他說了些什麼？」

有錢人不打自招：「他叫我不要把馬拴在那裡，說他的馬野性未馴，可能會踢死我的馬。」

法官聽了，皺起眉頭，沉默了一會兒，然後宣判：「既然如此，你的馬等於是自殺，他並不需要付任何賠償。」

情緒決定你的格局

培根曾說：「一個最可惡的人，是一切行動都以自我為中心的人。就像地球以自我為中心轉動，讓其他的星球在周圍環繞運行一樣。」

有錢人不聽窮人的勸告，一旦出了事，又忙著把責任往對方身上推，像這樣一切都以自我爲出發點的人，是不是很令人討厭呢？

其實，不妨可以學學院子裡的小蜜蜂，穿梭在不同的花朵間，如此才能發現更多不同的美，而且你會發現，這個世界比想像中更遼闊，何不放下「偉大的自我」，讓自己汲取到更多香甜的花蜜呢？

佛陀就在你身邊

人與人之間的相處，是一連串的連鎖反應，當你對別人展現親切的微笑時，別人一定也會回報你一分甜美的笑容。

有一座寺廟終年香火鼎盛，前來進香的信眾絡繹不絕，但由於住持年紀老邁，必須挑選新接任的人選，寺廟裡的和尚開始勾心鬥角。終日爭鬥之下，連前來參拜的信徒都聞得到那股濃厚的火藥味，人潮於是變得稀稀落落，過去的繁榮景象不再。

至於寺內的和尚們也一個個無精打采、灰心喪氣，擔心再這麼下去，眞不知道該怎麼辦才好。

老住持的心情非常沉重，因而在閉關之前，召集了寺廟裡所有的和尚，並告訴大家說：「這間廟雖然越來越冷清，但是你們不必擔心，因爲你們當中有一個人是佛陀轉世，他將會幫助大家振興這座廟宇的。」

衆人聽了面面相覷，每一個人心裡都在想，究竟誰才是佛陀的化身呢？

從那天起，和尚們都變得十分和善，既然每一個人都有可能是佛陀轉世，所以大家也都不敢輕易得罪任何一個人。

大家禮尚往來，相敬如賓，整間寺廟瀰漫著一片祥和之氣，漸漸地，又吸引了不少信徒回籠。

人人都被廟裡平和恬靜的氣氛所感染，一傳十十傳百，上門進香的門徒越來越多，寺廟終於恢復了往日的興盛。

情緒決定你的格局

使我們感到憤怒、懊惱、忌恨的，往往都只是一些芝麻細事。如果你不能妥善運用智慧控制自己的情緒，使自己成爲生活的主人，那麼，你就會被情緒控制，淪爲生活的奴隸。

人與人之間的相處，是一連串的連鎖反應，當你對別人展現親切的微笑時，別人一定也會回報你一個甜美的笑容，同樣的，若是你打了別人一巴掌，對方也絕不會對你有任何好臉色。

老住持巧施妙計，讓和尚們以爲佛陀就在自己身邊，即使受到再不公平的待遇，大家也都甘之如飴。

其實，只要懂得包容與尊重，人人各退一步，那麼怎麼會有那麼多的糾紛和爭執呢？

相信別人前，先提出合理的懷疑

我們可以相信別人，卻不能沒有合理的懷疑。「防人之心不可無」，我們應該時時謹記這句老話。

老陳是個家財萬貫的大富豪，近來他看中了中部山上的一塊土地，據說那塊地地底下蘊藏了大量的鐵礦，一經開採，所衍生出來的價值不可言喻。不過，這塊土地的持有者是一對王氏兄弟，幾經交涉卻都不肯出讓，令老陳十分苦惱，只好靜待佳機。

儘管知道自己擁有的是一座寶藏山，但是好幾個月過去了，王氏兄弟始終湊不到足夠的錢來進行鐵礦的開採。

正當他們一籌莫展的時候，從小一起長大的鄰居小林帶來了一個好消息。小林說他有一個很有錢的朋友，也許會願意出手相助，這個消息使王氏兄弟開心不已，連忙立了一張借據，託小林交給他的朋友。

在小林幫助之下，開採鐵礦的工作終於順利地進行了，但是，沒想到半年後的某一天，小林卻突然來到王氏兄弟家中，告訴他們說：「我的朋友寄來了一封信，要求你們馬上償還那筆借款，否則將會訴諸法律。」

兄弟兩人如同遭受晴天霹靂一般，那筆借款早已投入礦產的開發了，一時間要如何拿出這麼大的數目來？他們別無他法，只好被迫走上法庭。

在法庭上，律師指出，王氏兄弟除非清償借款，否則只好宣佈破產，放棄他們所有的動產與不動產。

看到法庭上原告席上的面孔，兄弟倆才恍然大悟，原來好心借錢給他們的藏鏡人，就是一直對土地虎視眈眈的老陳，至於小林，不過是一個引大魚上鉤的餌罷了。

遭到欺騙訛詐，任誰都會氣憤不平，但是仔細想想，要不是我們自己粗心大意或見獵心喜，又怎麼會上當？

沒有人會無緣無故地傾囊相助一個素昧平生的陌生人，這是你和我都應該要有的一點心機。

我們可以相信別人，卻不能沒有合理的懷疑。

因爲，壞人要欺騙你的時候，往往都會事先戴上僞善的面具，好讓你降低警覺，再來個一舉成擒。

他們對你的好，只是爲了要掩飾他骨子裡的壞，出手拉你一把，也許只是爲了要把你推入更深的地底。

「防人之心不可無」，我們應該時時謹記這句老話。

拋開成見，會讓你有全新的發現

遇到感困惑的問題時，不妨試著扮演旁觀者的角色，當你拋除成見和偏見之後，說不定會有更多令人驚奇的發現！

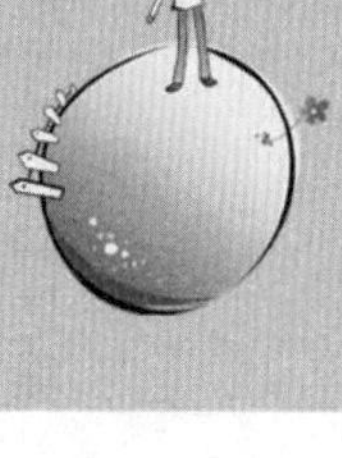

美國的一家報紙舉辦了一個有獎徵答活動，只要答對問題的人，就可以獲得十萬美金的鉅額獎金。消息一出來，吸引了不少有志之士慕名而來，每個人都胸有成竹，勢在必得。

報社所出的題目是：有三位科學共乘一個熱氣球旅行，但是飛到半路時，氣球突然漏氣，承載不了三個人的重量，即將墜毀，如果不把三人之中的其中一人拋出去減輕重量，大家就只有同歸於盡了，可是這三位科學家都對人類社會有很大的貢獻，究竟哪一位應該被犧牲？

三人之中，有一位是環保專家，在改善人類生存環境方面，擔任不可或缺的重要角色，可以避免環境污染所帶給人類的不幸。

另一位是植物學專家，負責改良植物品種，解決人類根本的糧食問題，可望成爲非洲難民的救星。最後一位是原子能專家，如果少了他，核戰帶給人類的災難將沒有人可以挽回。

究竟哪一位最該被丟出熱氣球呢？大夥兒衆說紛紜，每個人都高談著自己的意見，爭論三名科學家的重要性，最後，鉅額獎金卻是由一位小男孩獨得，他的答案是：「不管那些科學家有多麼重要，在這個時候，應該把三人之中體重最重的那一位扔出去才是。」

情緒決定你的格局

盧梭在《愛彌兒》裡提醒我們：「十全十美的幸福在世界上是不存在的，幸福是相對於痛苦的一種體驗。」

能夠理性面對自己的處境和客觀環境，才是知足的幸福人。

房間裡放著一張椅子，有人說它是椅子，也有人說它是木頭，看事情的角度決定了我們看到了什麼。

偏偏人總是容易受到眼前景象的制約，失去了冷靜思考的能力，因而無法找出問題的核心，讓機會平白無故地從手邊溜走。

所謂「當局者迷，旁觀者清」，遇到深感困惑的問題時，不妨先把眼光移開，試著扮演旁觀者的角色，當你拋除成見和偏見之後，說不定會有更多令人驚奇的發現！

和煩惱和平共處

面對你的煩心事，你該做的不是刻意去忘記，而是學著接受你的煩惱，與之和平共存。

一個學生在夜裡溫書時，總會被屋外的熱水器吵得無法專心。由於公寓已經老舊，熱水器一旦啟動就會砰然作響，然後是一陣機械運轉的刺耳聲音，每當這個時候，寒窗苦讀的學生唸書的情緒總是會被打斷。

這樣的「音樂」在一個夜裡總要「播放」個好幾十回，讓這名學生相當氣惱，恨不得自己是個聾子，最起碼也是個重聽人士，才不會被那些突如其來的噪音氣得跳腳。

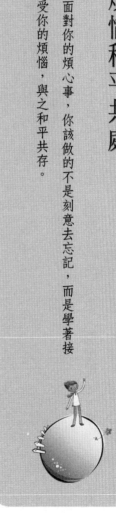

一個偶然的機會裡，他和幾個好友一同出外烤肉，聽見木炭被火燒得劈啪作響，簡直和熱水器的吵雜聲音一模一樣。

但是，此刻的他，卻一點兒也不排斥這種聲音，反而覺得這個富有節奏，起伏有致，像是一首渾然天成的樂曲，那麼爲何每天晚上，他卻都爲了屋外的雜音而大發雷霆，擾亂自己的情緒呢？

那天晚上，學生回到家裡，不斷告訴自己，其實熱水器的聲音和烤肉的聲音差不多，並無傷大雅，應該專心做自己的事，何必在乎這些聲音？

從此，只要聽見屋外有任何一點風吹草動，他就提醒自己不能分心，繼續專心讀書，沒過多久，眞的聽不到屋外的噪音了。

情緒決定你的格局

如果我告訴你，千萬不要去想一頭粉紅色的大象，那麼現在，你腦子裡浮現出來的是什麼？

對了，正是一頭粉紅色的大象！

人性如此，每個人總有自尋煩惱的時候，越是告訴自己要忘記，越是印在心頭揮之不去。

生命短促，你還想浪費多少時間在那些根本不值一顧的事物上？

美國勵志作家布魯克斯提醒我：「生活中最大的危機，就是試圖逃避煩惱。事實證明，想逃避煩惱，只會讓你越活越煩惱。」

面對你的煩心事，你該做的不是刻意去忘記，而是學著接受你的煩惱，與之和平共存。

4.

多點寬容
才能多些希望

越是人心惶惶的年代，越要發揮我們的良心與善心，只要多些理解，就能少些傷害；只要能多一點寬容，就能少一分衝突。

愛能讓人遠離絕望，迎向希望

愛能讓人勇敢承認錯誤，愛能讓絕望遠離生命，帶領你迎向希望。只要心中有愛，就沒有什麼不可原諒的事情。

二〇〇二年的某一天，義大利的報紙上出現了一則很特殊的尋人啓事：

「一九九二年五月十七日，在瓦耶里市商業區第五大道的停車場，有一個白人婦女被一個黑人小夥子強暴得逞。不久之後，這個女人生下了一個黑皮膚的女孩，她和她的白人丈夫一同撫養這名女孩，並且把她視為掌上明珠。然而，不幸的是，現在這個女孩得了白血病，需要立刻做骨髓移植手術。她的生父是拯救她的唯一希望。希望當年的當事人看到這則啟事後，立刻和伊莉莎白醫院的安德列醫生聯繫。」

這則尋人啓事一登出，立刻引起許多人的注意。

大家都爲這名白人婦女居然願意生下強姦犯的孩子感到不解，更令他們覺得不可思議的是，他的丈夫怎麼能接受另外一個男人的孩子呢？

同時，人們也紛紛臆測著，那名強姦犯得知這項消息之後，是否膽敢站出來？如果他站出來，有什麼顏面面對他的家庭、受害人的家庭，以及社會大衆的譴責？若是他保持沉默，又如何能夠眼睜睜看著他的親生骨肉飽受病痛而見死不救？

令人動容的是，那名被強姦的白人婦女說：「只要女孩的父親肯站出來救我的女兒，我可以既往不咎，不採取任何法律行動。」

當年，她是在下班途中被一名黑人小夥子強暴的，當她哭著回家告訴丈夫這件事情時，那名黑人早已不見人影。

他們夫妻倆抱頭痛哭了一個晚上，昏昏沉沉過了好長一段時間。

接著，婦人發現自己懷孕了。她不確定這個孩子是她丈夫的，還是那名黑人的。她心存僥倖地把孩子生了下來，才發現自己生了強姦犯的孩子。

幾經掙扎之後，她的丈夫決定把孩子留下來不送去孤兒院，因爲那是他妻子懷胎十月孕育的孩子，應該也可以算是他的孩子。他們告訴鄰居，因爲婦人的祖父是黑人，所以生下黑皮膚的孩子一點也不奇怪。就這樣，這個女孩一直在溫暖的環境下長大，和她白皮膚的姐姐同樣受到父母親的疼愛。

這則啓事感動了很多人，甚至有許多人主動發起替小女孩找尋匹配骨髓的活動。羅馬城裡幾乎沒有一個人不曉得這則新聞。

直到兩個月後的某一天，一個三十歲的酒店老闆來到了伊莉莎白醫院，自稱是當年那名強姦犯。現在的他，擁有三個孩子和一位美麗的妻子，他繼承岳父的酒店，是員工們眼中的好老闆、好丈夫、好爸爸。

但是，在他心裡，一直存在著一個不爲人知的秘密。

那是十年前的一個晚上，因爲他在打工的餐廳受到不合理的對待，他的老闆歧視他的膚色、辱罵他的同胞，甚至還逼他去把他打破的盤子碎片吞進肚子裡，年輕氣盛的他於是打了老闆一拳，衝出餐館。

當時，他在停車場遇到一名白人婦女，出於對種族歧視的報復，他泯滅良心，

把氣發洩在白人婦女身上，怎麼也沒有想到，自己一時激動所犯下的錯誤，竟會造成這麼可怕的悲劇。那天晚上以後，他感到非常後悔，連夜逃離家鄉，發誓要改頭換面、重新做人，費盡千辛萬苦，才取得今日的成就。

儘管他知道出面承認當年的錯誤，可能會毀掉他好不容易建立起來的一切，甚至讓他失去他的家庭，但是出於父愛的天性，他還是決定要去做他應該做的事。幸運的是，他的骨髓完全適合他的女兒。

小女孩得救了！小女孩的父母淚流滿面地對當年的強姦犯說：「謝謝你，謝謝你勇敢地站出來。」

這名黑人則是寫信給他們說：「我非常感激這個小女孩，從某種意義上說，她給了我這個贖罪的機會，是她讓我擁有一個快樂的後半生！」

爲了保護雙方的隱私，醫院並沒有公佈這名黑人的眞實身分，只是告訴記者：「小女孩的父親已經找到了！」

報章雜誌是這樣評論這名黑人的，他們說：「也許他曾經是個罪犯，但現在他是個英雄！」

如果你是那名白人婦女，能原諒強姦你的罪犯嗎？如果你是白人婦女的丈夫，能接受被強姦的妻子，以及仇人的女兒嗎？

如果你是那名黑人強姦犯，你願意冒著可能失去一切的危險，回頭去面對從前犯下的錯誤嗎？甚至如果你是那名強姦犯的妻子，你要怎麼接受自己的好丈夫居然曾經是名冷血的強姦犯？

但是，他們卻都做到了！因為，他們心裡有「愛」。

愛能讓人原諒從前傷害自己的人，也能令人愛屋及烏地把別人的孩子視如己出，愛能令人勇敢承認錯誤，更能為自己贏得世人的諒解和寬容，愛能讓絕望遠離生命，帶領你迎向希望。只要心中有愛，就沒有什麼不可原諒的事情。

雖然那個人傷害了你，雖然那個人沒有好好地對待你，但你越恨他，只會越忘不了他。相反地，去愛他，你就能放下他。

別讓爭執疏離了彼此

永遠不要跟你愛的人或是你關心的人爭執，因為縱使吵贏了也不會比較開心，而且往往會因為爭執而讓彼此失去更多。

有位已婚女演員在記者會的訪問中，透露了她婚姻生活中的一件軼事。

某一年的結婚紀念日，爲了能夠和丈夫有個難忘的夜晚，她特地排開工作，早早把孩子送到褓母家裡，並在家裡準備了豐盛的晚餐、點上浪漫的蠟燭，等候丈夫回家。

沒想到丈夫才剛回到家裡，兩個人就因爲一點小事起了口角，開始鬧彆扭，連飯都吃不下去。

原本是個美好的結婚週年紀念，搞成這樣未免有些可惜。只是，氣氛已經僵住了，要一下子扭轉局面似乎很困難。

這時，妻子突然想到一個好點子，發揮演員的精神，向丈夫提議說：「這樣吧，我們就像拍戲一樣，NG重來，好不好？」

說完，她立刻替丈夫重新把鞋子穿上，套上外套，提起公事包，退出家門，要丈夫再按一次門鈴。然後，像什麼事情都沒有發生過一樣，她再一次打開家門，高高興興地迎接丈夫回家。

這一天，他們共度了一個愉快的夜晚。有了這次經驗以後，每當他們之間發生摩擦時，就會使出「NG重來」的法寶。一直到現在，他們已經結婚十幾年了，兩人的感情卻還和新婚時候一樣甜蜜。

女演員笑著解釋說：「那是因為我們隨時都在『重新開始』！」

當發生爭執的時候，我們往往都會執著於爭執點上，非要分出個我對你錯才肯罷休。然而，對錯眞的那麼重要？能夠和平相處，享受親密的氣氛，不才是最重要的嗎？那麼，何不平心靜氣，重新開始，給對方一個台階，也給自己一個機會呢？

永遠不要跟你愛的人或是你關心的人爭執，因爲縱使吵贏了也不會比較開心，而且往往會因爲爭執而讓彼此失去更多。

雖然我們可以用「NG重來」的方式化解許多小口角，但是人與人之間，不是每一種錯誤都可以如此輕易地一筆勾銷。因此，我們還是應該要謹愼地去面對身邊每一個人，以免造成難以彌補的遺憾。

失去理智，只會讓人生暗無天日

真正能夠帶給人力量的，不是憤怒，而是原諒；不是恨，而是愛。唯有一句柔軟的話，你才能走出絕望，給自己希望。

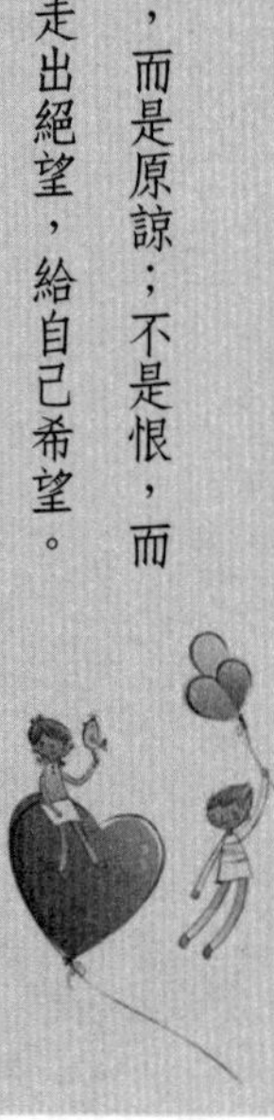

有一對夫婦在婚後第十三年才生下一個男孩，期盼了這麼多年，夫妻倆自然把兒子視爲天上掉下來的禮物，對他百般寵愛。

在男孩兩歲的某一天，丈夫在出門上班之前，看到桌上有一瓶藥，瓶蓋是開著的，由於他急著去上班，所以只揚聲提醒妻子把藥瓶收好，然後就匆匆忙忙地離開了家。

妻子正忙著在陽台上晾衣服，一下子就把丈夫的叮嚀拋在腦後。

天眞無知的小男孩拿起藥瓶，覺得很好奇，就把那色彩鮮豔的藥丸當成糖果，全部吃進肚子裡去了。

藥丸的藥性非常強烈，就連成人一次服用也只能服用半顆。男孩由於用藥過量被送到醫院時，已經回天乏術了。男孩的母親一時之間不知道該如何接受這個事實，她痛失愛子，更自覺無顏面對丈夫。

傷心欲絕的父親接到噩耗，立刻趕往醫院，想要看兒子最後一面。

當這名父親看見兒子的屍體時，原先強忍著的淚水立刻奪眶而出。他望了站在身邊的妻子一眼，然後只說了一句話。

你知道他說的是什麼話嗎？

他對同樣傷心欲絕的妻子說：「親愛的，我愛妳……」

情緒決定你的格局

沒有一句話會比這句話更能安撫妻子傷痛的心，也沒有一句話會比這句話更能夠沖淡悲傷的氣氛。這位丈夫明白，指責妻子並不能讓兒子復活，逝者已矣，來者可追。他唯一能做的，就是安慰活著的人。

原來，放下仇恨、停止怨天尤人的想法並沒有那麼困難，當你知道再怎麼仇恨、再如何抱怨都無濟於事的時候，自然就會轉換別的念頭，讓自己也讓身邊的人好過一點。

人在悲傷的時候，總會很自然地在憤怒中找尋力量，用仇恨來推動自己沉重的腳步繼續前進。然而，那只會使自己越走越偏離正軌。

眞正能夠帶給人力量的，不是憤怒，而是原諒；不是恨，而是愛。

唯有原諒別人，你才能夠放過自己；唯有試著去愛你的仇人，你才能夠眞正戰勝自己心裡那個惡魔，唯有一句柔軟的話，你才能走出絕望，給自己的未來更多希望。

真愛沒有委屈，只有滿足

真愛是犧牲、是付出、是奉獻，更偉大的是，真愛裡沒有委屈，只有幸福。只要還能夠在一起，就是一種幸福。

有個年僅三十歲的女老師年紀輕輕就中風，半身不遂被送進醫院休養。

原本辯才無礙的她現在連一句完整的話都講不出來，沒有辦法接受這個殘酷的事實，總是不肯打針、不肯吃藥，以不合作的方式來表達對命運的抗議。

漸漸地，她的家人不願意照顧她了，唯一願意陪伴在她身邊的，只有她的先生。他總是對她百般容忍，每當她哭鬧不休，造成醫護人員的麻煩時，他總是低著頭，頻頻向大夥兒賠不是，好像犯錯的是他自己一樣。

但是，女老師一點兒也不體諒丈夫的用心，反而益發變本加厲，不僅把丈夫餵她吃的飯吐在床單上，甚至還故意吐在她丈夫的臉上。

然而，她的丈夫卻從來沒有對她發過脾氣，只是不停地好言相勸，要她多吃一點飯，才有力氣對抗病魔。

一天，女老師又在吃飯的時候耍脾氣，把整盤飯菜摔到地上。和往常一樣，她的丈夫只是認命地蹲下去，慢慢地清理殘渣。

他一面清著垃圾一面埋怨說：「眞是的，妳是要累死我是不是？妳就是想要看我為了妳累死是不是？」

說著說著，丈夫緊緊握住那個女老師的手，紅著眼眶說：「妳知道嗎？我不怕為妳累死，我怕的是，要是我眞的死了，誰來照顧妳？我不想把妳一個人孤伶伶地留在這個世界上啊……」

女老師聽了這番話，停止了哭鬧，取而代之的是兩行感動的淚水。

如果有一天，你所愛的人也癱瘓在床上動彈不得，你也能像女老師的丈夫一樣，無怨無悔、逆來順受地照料你的另一半嗎？

在女老師的丈夫身上，我們看到了最至高無上的愛情，也讓人清楚看見了解，所謂的「愛情」就是替對方著想。

不僅在活著的時候要爲對方著想，就連死了以後也要替對方打算。很多人談戀愛的時候，都只想到了自己，希望對方能給自己什麼，希望對方爲自己做這個、做那個，然而，眞愛又豈是那樣？

眞愛是犧牲、是付出、是奉獻，更偉大的是，眞愛裡沒有委屈，只有幸福。那名女老師的丈夫照料妻子的時候，心裡一定是幸福的，因爲他每一天都慶幸自己的妻子只是中風而已，還好她還活著，還好她還在他的身邊。只要他們還能夠在一起，就是一種幸福。

面子不是最重要的事

你的主動表現了你的友善和大方，唯有放下無關緊要的「面子」，才能找回人生的希望。

有個女孩讀大學時候，有一個很要好的男朋友，兩個人一起讀書，一起考上研究所，甚至畢業以後，也進了同一家大企業裡頭做事。不久之後，男孩被外派到大陸去工作，兩人開始過著聚少離多的生活。

或許是因爲時空距離的關係，他們之間大大小小的爭執不斷。

某一次吵架過後，雙方都在氣頭上說了重話，從此有整整半年的時間，他們都不肯和對方聯絡。

「雖然我很希望可以跟他合好，但是我實在拉不下那個臉向他低頭，所以我只好強忍著對他的思念，每天祈禱他可以主動來跟我示好。」女孩說這些話的同時，眼神還透露著幾許遺憾。

只是，她沒有盼到男孩回頭，卻意外等到了另外一位愛慕她的人向她表白。她的新歡條件很好，對她也十分照顧，約會半年多以後，男人捧著一束玫瑰向她求婚了。

當下，她的腦筋一片空白，只好請對方給她一個月的時間考慮。

經過這件事的刺激，女孩更加覺得自己還是忘不了從前的舊愛。終於，她決定拋開所有的面子和矜持，寫了一封長長的電子郵件給男孩，告訴他，她還是很愛他，請他趕快跟她連絡，否則，她就要嫁給別人了。

「我之所以這麼說，其實只是希望給他一些壓力，要他更積極地挽回我而已。」女孩苦笑地說。

只是沒想到，信件寄出後，她始終等不到對方的回音。

她等了一個多月，卻連隻字片語都沒有等到。傷心之餘，她毅然決然地和另外一個男人步入禮堂。

後來，她才知道，原來她寄信給前男友的時候，碰巧他生了一場重病，住在醫院裡好幾個星期都沒有辦法上網收信。

等到他出院回到家裡時，他看著她寄來的信，當場痛哭失聲。

他看到信的那天，正好是女方結婚宴客的日子。

情緒決定你的格局

爲什麼很多人都會把「誰先開口」、「誰先低頭」視爲面子問題呢？難道先開口、先示好、先伸出友誼之手，就等同於「沒有面子」嗎？

如果主動可以贏得對方友善的回應，相信任何人都不會顧慮到面子和自尊的問題。就怕自己都已經低頭了，對方卻不領情，還直潑冷水，那才眞令人找不到台階下！

然而，縱使如此，又有什麼好丟臉的呢？

你的主動只不過表現了你的友善和大方，對方若是沒有好好地回應，就是他小器和不成熟，他才應該感到丟臉，不是嗎？

很多人都把「被拒絕」和「沒有面子」畫上等號，其實這是錯誤的想法。「被拒絕」只是「被拒絕」而已，無關顏面。更何況，比起抱憾終生，這點犧牲又算得了什麼呢？至少是他拒絕了你，而不是你辜負了他。

唯有放下無關緊要的「面子」，才能找回人生的希望。

生氣，不如平心靜氣

越是生氣的當口，越應該要理性地提醒自己，不要忘記自己做這件事情原本的目的是什麼。

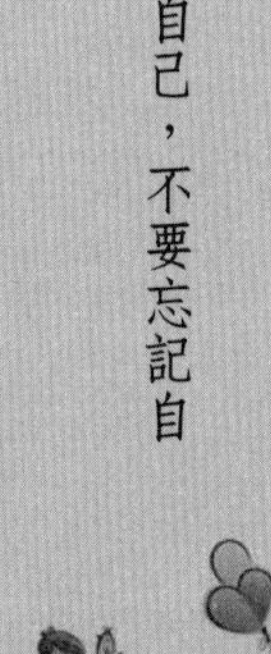

有一位禪師非常喜愛蘭花，平日弘法講經之餘，還費了很多時間和精神照顧他栽種的蘭花。

一天，禪師決定要閉關修行一段時間，臨閉關前，他交代弟子：「務必要悉心照顧寺裡的蘭花。」

弟子沒有把師父的話當耳邊風，每天都很盡心盡力地照顧蘭花。但是萬萬沒想到，就在禪師預定要出關的前一天，有個弟子爲了要把野貓趕走，竟不小心把

蘭花架碰倒了。

所有的蘭花都跌碎在地上，鮮豔奪目的花瓣灑了一地。

弟子們因此感到非常恐慌，個個把皮繃緊，準備接受師父的責難。

然而，禪師知道這件事以後，卻沒有生氣。

他告訴弟子：「我種植蘭花，一來是希望能夠用來供佛，二來是爲了美化環境，三是爲了陶冶性靈。不管怎麼說，我都不是爲了生氣而種花的！」

情緒決定你的格局

很多時候，我們也需要這樣子的智慧。

既然不想發生的事情已經發生了，生氣又有什麼用呢？

不妨試著這樣告訴自己：「我不是爲了生氣而種花的！」「我不是爲了生氣而工作的！」「我不是爲了生氣而談戀愛的！」「我不是爲了生氣而來到這個世界上的！」

一旦可以壓抑自己的怒氣，自然就能用客觀平靜的心情來看待事情，不讓不好的情緒爲自己不幸的遭遇造成二度傷害。

越是生氣的當口，越應該要理性地提醒自己，不要忘記自己做這件事情原本的目的是什麼。

既然你不是爲了生氣而做這件事的，那麼現在又爲什麼要生氣呢？

記住，生氣不能讓事情變好，更加不能讓心情變好。看開一點，不要生氣，反而可以顯示出自己的高尚修養。

手足之情是無私的感情

兄弟姊妹之間不需要講求公平，因為「愛」就是對待手足最高的原則。只要與親人，共同努力，人生便會有無窮的希望。

有一對出生於貧苦農家的姊弟，兩個人相差三歲。

從小開始，弟弟凡事都會讓姊姊，當姊姊做錯事的時候，他會替她頂罪；當姊姊被父母親處罰的時候，他也都會主動替她求情。

國中畢業以後，姊姊考上第一志願的高中。父母親雖然很高興，但也開始爲她的學費發愁。他們說：「家裡哪有錢給孩子唸書？就是要供也該供兒子啊！女孩子唸那麼多書幹什麼？」

弟弟聽到了，二話不說，偷偷帶著行李離開家裡，留了張紙條給父母，說他決定不讀書了，他要到城裡賺錢給姊姊讀書。姊姊沒有辜負父母親和弟弟的期望，高中的成績一直名列前茅，而且還考上了很好的大學。

弟弟在工地裡做工，每天和泥土砂石和在一起。領到的工資不但要幫忙姊姊繳學費，有多餘的錢，還會買新衣服送給姊姊。

他說：「女孩子要打扮得漂漂亮亮的，才交得到男朋友。」

很可惜地，姊姊的桃花運一向不好，倒是在事業上一直都有很好的運氣。大學畢業以後，姊姊順利進入一家大企業工作，沒幾年的功夫，就在業界建立了很好的名聲和人脈。

她一直想要找機會安排在工地裡擔任工頭的弟弟進來她的公司當工程部主任，但是弟弟總是一再地推辭。後來有一天，弟弟在工作時不小心從鷹架上跌了下來，摔斷了腿送進醫院，幸好沒有生命危險。

看著弟弟裹著石膏的腿，姊姊感到既心疼又難過，忍不住埋怨他說：「要你來我公司裡坐辦公室你不要，硬是要留在工地做事，你看，現在摔成這樣子了吧，你當工人能當一輩子嗎？」

這時，弟弟總算說出他心裡眞正的想法，他說：「我怎麼能去妳公司當空降部隊呢？我沒有學歷，又沒有特殊專長，要是人家知道我是妳弟弟，在背後說妳的閒話，這會對妳造成多大的影響啊！」

姊姊聽了這話，當場淚如雨下，自責地對弟弟說：「都是因爲我，所以才耽誤了你的前途。」

然而，弟弟卻微笑地對她說：「哪有什麼耽誤不耽誤的，我現在這樣子也沒什麼不好啊！」

姊姊一直不明白爲什麼弟弟會如此心甘情願的爲她犧牲著想，直到弟弟結婚之後，才從弟媳婦的口中聽到一個她早已經不記得的故事。

弟弟告訴他的老婆說：「我小的時候，每天都要從家裡出發走上一小時的路才能到學校。有一次，我的鞋子在學校裡被人偷了，只好赤著腳和姊姊一起走回家。姊姊一看到我沒有穿鞋子，立刻把自己腳上的鞋子脫下來讓給我穿，她就這樣光著腳，在佈滿小石子的地上走那麼遠的路。等我們回到家的時候，她的兩隻腳都流血了，打從那時候起，我就告訴我自己，只要我有能力，我就要用盡各種方式來報答我姊……」

情緒決定你的格局

人與人之間的關係是互相的，想要別人對你好，就要自己先對別人好，尤其對待自己的家人要更好。

兄弟姊妹之間不需要講求公平，因爲「愛」就是對待手足最高的原則。

如果你愛你的兄弟姊妹，那麼禮讓他一下有何不可？

如果你愛你的兄弟姊妹，爲他犧牲又有什麼關係？如果你不知道自己爲什麼要責無旁貸地去愛你的手足，你只需要想一想，有一天，你的父母會離開你，你也未必有子女，到了那個時候，你的兄弟姊妹會是世界上唯一和你血脈相連的人，你不愛他你要愛誰？

只要你愛他，他必定也會更愛你。只要與親人相互幫助，共同努力，人生便會有無窮的希望。

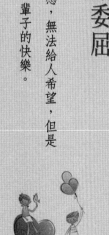

將心比心，就會少點委屈

「討回公道」只能給人勝利的快感，無法給人希望，但是「將心比心」才能真正為人帶來一輩子的快樂。

每年暑假，夏威夷的某家飯店都會舉辦各式各樣的暑期夏令營活動，邀請住戶的小孩來參與。有一次，飯店經理經過俱樂部門口時，看見一位掛著飯店名牌的工作人員正在安慰一名看起來大約四、五歲的白人小孩。

那個小孩像是受到驚嚇似的，兩隻眼睛都哭腫了。

他上前去問清楚事由，才知道這個工作人員負責帶小朋友去看海豚表演，當天參加活動的小朋友比較多，工作人員一個不小心，竟把其中一個小朋友留在現場，直到回到飯店之後，才發現人數不對。

等到他趕回海洋館時，那個小孩早已經哭紅了眼睛。

經理看著這個小孩哭得皺成一團的小臉，感到於心不忍，換做是小孩子的媽媽，一定會更加心疼，說不定還會一狀告到法院！

正當他做好了挨罵的準備，並且思索著要給這名小孩的母親什麼樣的住宿折扣作爲補償時，小孩的媽媽出現了。出乎他的意料之外，這名小孩的媽媽聽了工作人員的解釋以後，並沒有生氣，只是蹲下來抱著她的小孩，安慰她說：「沒事了，沒事了，媽媽在這裡，不要怕……」接著，她很理性地告訴孩子：「你知道嗎？不光只有你難過而已，那個帶你去玩的大姐姐因爲找不到你，也和你一樣覺得非常緊張和難過，現在，你應該去抱一抱她，安慰她一下。」

只見這個四歲的小孩擦乾了眼淚，展開雙臂擁抱那名害他哭泣的大人。

情緒決定你的格局

看了這則故事，也許你會說，這個媽媽何其偉大！但是我更覺得，這個媽媽是何等的聰明！她沒有怒氣沖沖地向飯店人員討公道，沒有爲自己孩子伸張正義，不只是因爲她懂得體諒別人，更重要的是因爲她知道人生之中，有更多無法討回公道的苦處，也有更多需要把眼淚往肚裡吞的時刻。

現在的她，或許可以替她的孩子討公道，但是她的孩子將來長大了，遇到更多不公不義的事情，能向誰去討公道？

因此，她只能教她的孩子，受委屈的時候，也要站在別人的立場替對方著想；受到不合理的待遇時，要用寬容的胸襟坦然地面對。

讓孩子學會「面對委屈」，比教導孩子「不吃虧」更加受用，如此，孩子對人生才不會輕易興起絕望的念頭。

「討回公道」只能給人勝利的快感，無法給人希望，但是「將心比心」才能眞正爲人帶來一輩子的快樂。

愛對方式，才能傳達心意

用自己的方式去愛對方，辛苦半天，對方卻絲毫感受不到。只有給對方他想要的，才能真正成為他心目中的理想伴侶。

曉琪的母親是一個傳統好女人，每天都一大清早就起床爲家人準備早餐，做的菜都是丈夫跟孩子喜歡吃的。

打從曉琪有記憶以來，家裡總是一塵不染。她的母親是個勤勞持家的女人，幾乎沒有辦法從她身上挑到一點毛病。然而，她的父親並不以有一個這樣的妻子爲榮，相反地，他經常感到非常孤獨。

曉琪的父親是個公務員，每天準時上下班，從來都不用去應酬。

下班回家以後，他就陪伴孩子做功課，偶爾空閒的時候，就下棋、寫書法，沉浸在他的書香世界裡。

她的父親是個好男人，母親也是個好女人。但是曉琪卻從來沒有在他們身上感受到「幸福」兩個字，取而代之的，只是尊重與認分。

直到曉琪也擁有了自己的家庭以後，才漸漸理解到個中玄機。和她的母親一樣，曉琪也是個盡責的妻子，把整個家都打理得妥妥當當的。奇怪的是，她並沒有辦法從婚姻中感受到快樂，她的丈夫看起來好像也不怎麼快樂。不管她把飯煮得多香，地板拖得多乾淨，似乎都無法改變這個局面。

一天，當曉琪在廚房忙著熬湯的時候，她的先生在客廳對她說：「『少林足球』又在重播了，妳趕快來跟我一起看！」

她隨口回答：「你沒看到我正在熬湯嗎？我去看電視誰來看火啊！」

這話才剛說出口，她就怔住了。

在她成長的過程中，類似這樣的話一次又一次地出現在父母的對話之中。不知不覺的，曉琪也承襲了母親對待父親的方式對待她的丈夫，那其實是一種「自以爲是」的方式。

她一直以爲帶給丈夫一個乾淨的家，努力做家事就是女人表達愛的方式。然而，丈夫要的，也許只是妻子陪他看電視。

於是，曉琪放下手中的鍋鏟，坐到丈夫的身邊和他一起看電視。不知道是因爲心裡茅塞頓開，還是因爲周星馳的電影實在太精采，那是曉琪打從結婚以來，笑得最開懷的一天。

情緒決定你的格局

想要愛得美好幸福，就不要用「自己」的方式去愛對方，相反地，應該要用「對方」的方式去愛他。

用自己的方式去愛對方，自己一個人辛苦了老半天，對方卻絲毫感受不到。只有給對方他想要的，才能眞正成爲他心目中的理想伴侶。

給予對方他想要的愛，不能光靠猜測，更重要的是要溝通。

很多人都習慣臆測對方想要的是什麼，卻總是百猜百錯。也有很多人覺得自己不說，對方就應該要猜得到，偏偏另一半卻總是押錯寶。

我們不是對方肚子裡的蛔蟲，對方也沒有看穿我們心思的本領。無論彼此的感情多麼深厚，也沒有辦法用腦波來傳遞訊息。

所以，愛要說出來。

多去問問對方「想怎麼樣」，也經常告訴對方自己需要的是什麼。正所謂「燈不點不亮，話不說不明」，要把心裡頭的話說出來，才能把愛點得更亮，把兩顆心繫得更緊，彼此的未來也才看得見希望。

5.

與其暴跳如雷，不如從容應對

面對不合理的要求，暴跳如雷地和對方正面衝突，只會使雙方不歡而散，甚至兩敗俱傷。

別用情緒解決問題

剛強是一門功夫，柔弱更是一種道行。世事豈能盡如人意？
解決難題運用的是智慧，而不是情緒。

武俠小說中，最強的武功招數爲「以柔克剛」，這也是做人處事最高的準則。動輒生氣發怒只會造成兩敗俱傷，不如放下身段，找出問題的癥結。

曾經一家燃料工廠的工會發動了台灣史上最激烈的罷工。

由於經濟不景氣，工廠利潤降低，連帶的把工人的薪資縮減，工人不滿待遇降低，於是罷工抗議。

起初，廠長不以爲意，置之不理，沒想到事情卻沒有因此而平息。工人們有備而來，引發了激烈的情緒反彈，不只找上媒體，還大肆破壞工廠裡的設備，事情越演越烈，甚至還出動大批警力鎮壓，不少工人還因爲激烈的衝突而受傷。

廠長十分同情這些工人的處境，他明白工人們也是爲生活所迫，逼不得已才出此下策，因此並沒有追究他們不理性行爲，反而花了幾個禮拜的時間，親自拜訪每一位員工的家庭。

廠長了解每個人的經濟狀況，傾聽員工的心聲之後，找來了幾位資深的工頭一起討論工廠未來的營運方向，希望可以創造勞資雙方的共同利益。

廠長以寬容同情的心理，成功地化敵爲友，瓦解了工人對僱主的誤解與不滿。他沒有指責工人們的行爲，也不據理力爭和工人爭執不休，他選擇了最和平的方式，徹底贏回了工人的心。

智者一切求諸己，愚者一切求諸人，念頭寬厚的，如春風煦育，萬物遭之而生；念頭忌刻的，如朔雪陰凝，萬物遭之而死。

越是寬容的人，越懂得如何和別人溝通，也越能在不利於自己的環境中，創造出另一條勝利的道路。

生氣不能解決問題，很多時候，只要稍微退一步，你就可以很清楚人際間的糾葛該如何化解。

如果廠長不願意替工人著想，選擇與他們硬碰硬，那麼雙方爭執到底，可能會令工廠損失一批優秀的工人，而事情依舊沒有解決。

剛強是一門功夫，柔弱更是一種收攬人心的道行，孰輕孰重，如何運用得宜是很難的一項修爲。

世事豈能盡如人意？解決難題運用的是智慧，而不是情緒。

與其暴跳如雷，不如從容應對

面對不合理的要求，暴跳如雷地和對方正面衝突，只會使雙方不歡而散，甚至兩敗俱傷。

在美國的某個州法庭上，一位打扮入時、衣著華麗的女士控告丈夫有了外遇，鬧著要和丈夫離婚。

離譜的是，被她捉姦在床的第三者，竟然是他丈夫所抱著的「足球」。女士氣咻咻地抱怨自己的丈夫，無論白天或晚上，總是去和運動場上的「第三者」足球相會，她認爲，這已嚴重剝奪了她作妻子的權益。

法官聽了這番指控，感到啼笑皆非，試著向這位女士解釋道：「妳所控告的第三者不是人，除非妳控告生產足球的廠商，否則根據美國法律，法庭是不能受理這件案子的。」

沒想到過了幾天，這位婦女果真向足球界的龍頭「宇宙足球」提出告訴。更令人跌破眼鏡的是，宇宙足球居然接受，並願意賠償這位婦女十萬美元，彌補她所經歷的孤獨。

這段有如電視劇般的情節經過報導，立刻造成轟動，使「宇宙足球」成了大街小巷津津樂道的話題，原本認識或不認識宇宙足球的人，都因此而更加熟悉這個品牌。

花十萬美元就能使產品的銷售量倍增，對宇宙足球來說，這實在太划算不過的廣告了！

情緒決定你的格局

這原本是一項可以置之不理的荒謬控訴，宇宙足球公司卻成功地順水推舟，使控訴成爲一項有利的宣傳。

關鍵就在於，宇宙足球公司看出其中暗藏的商機，迅速而慷慨地理賠，一舉建立了在足球界獨領風騷的品牌形象。

不懂得控制發怒的情緒，是失敗者的特徵；懂得抑制自己的情緒，才能從不合理當中找到可以利用的契機。

在這個故事中，我們得到的教訓是：面對不合理的要求，暴跳如雷地和對方正面衝突，只會使雙方不歡而散，甚至兩敗俱傷。

在這種時候，不妨轉個彎，思考如何讓雙方互蒙其利，把劣勢轉爲優勢，你才能擁有無限的成功契機。

生氣時，你的臉好看過嗎？

遇到挫折時，我們總是先入為主地認為問題一定出在別人身上，卻忘了自己也可能是有毛病的一方。

一個男人沉痛地發現，自己在家裡越來越沒有地位，每當他和妻子說話時，他的妻子連看都不看他一眼，讓他感到非常難過。

後來，他懷疑這是妻子上了年紀，聽力退化所致，因此他決定做個實驗，看看妻子的重聽到底嚴重到什麼程度。

有一天，他下班回家，看見妻子正在廚房裡燒飯，於是他就站在玄關，對著廚房說：「老婆，我回來了，妳聽到了嗎？」

不出他所料，妻子果然沒有任何反應，看來她的聽力問題眞不小。

於是，他又朝廚房的方向前進了幾步，大聲喊著：「老婆，我在和妳說話呢，妳聽到了嗎？」

他的太太依舊沒有任何反應，他心頭一震，連這麼近的距離都聽不到，要是出門上街會有多麼危險啊！得趕快送她到醫院治療才行。

他又繼續向前走了幾步，來到了廚房門口，大聲說：「老婆，我回來了，妳聽到了嗎？」

「你到底煩不煩啊！」妻子一刀斬下雞頭，很不耐煩地說：「我已經回答你三次了！」

情緒決定你的格局

你應該已經看出來，眞正聽力不佳的人是誰了吧！

法國哲學家拉羅什富科曾說：「我們總喜歡品評別人，雖然如此，卻不喜歡受人品評。」

越自以爲是的人，越欠缺理性思考的能力，也越容易受到情緒控制。這樣的人只知道批評別人的缺失，卻察覺不出犯錯的人其實是自己，因爲偏執和怒氣遮蔽了他們的眼睛。

我們的眼睛，往往只看得見遠方，卻看不見自己眼前的睫毛，這正是大部分人所共通的盲點。

因而遇到挫折時，我們總是先入爲主地認爲問題一定出在別人身上，卻忘了自己也可能是有毛病的一方。

同樣的道理，如果你認爲別人給你難看的臉色，請先別急著發怒，去照一照鏡子，看看自己臉上又是什麼樣的表情呢？

你為什麼會忙得團團轉？

我們營營役役、庸庸碌碌，像隻無頭蒼蠅般地忙得團團轉，
通常只是因為我們根本沒有用對方法。

一個農夫在穀倉工作時，不小心把手錶掉到了地上，由於遍地是一堆堆的稻穀，所以手錶一下就沒入了稻穀堆中，失去了蹤影。

農夫一面大聲抱怨，一面慌亂地撥弄著稻穀堆，手忙腳亂了好一會兒，不但沒有找回自己心愛的手錶，還使屋子亂上加亂，更加無從找起。

其他的農夫聽見了，也趕忙過來幫忙。

他們把所有的燈都點亮了，分工合作找遍整間穀倉，搜尋了每一個角落，只

差沒把整間房子倒過來找，但是手錶像是隱形了一般，始終沒有出現，令農夫心情低落了一整天。

到了晚上，大人們都各自回家吃飯了，農夫的孩子一個人悄悄地走進穀倉中，沒多久時間，他就從裡頭找到了一只閃閃發光的手錶，隨即迫不及待地跑去告訴爸爸這個好消息。

農夫失而復得，自然喜不自勝，稱讚孩子說：「你眞不簡單，我們幾個大人找了幾個鐘頭都找不到，你居然一下子就找到了。」

小孩告訴爸爸：「你們那麼多人七嘴八舌，吵得要死，當然什麼也找不到。時針分針走動時會發出聲音的嘛！我一個人靜靜地坐在穀倉裡，沒多久就聽見『滴答滴答』的聲音，沿著聲音去找，馬上就找到手錶了！」

情緒決定你的格局

遺失鍾愛的東西，總是讓我們情緒不佳，擺張臭臉生自己悶氣，甚至遷怒別人。然後，我們就受到心中這股怨氣驅使，靜不下心來。

越是靜不下心，我們就越找不到自己想要的東西。

我們之所以營營役役、庸庸碌碌，像無頭蒼蠅般地忙得團團轉，眞的是爲了努力找回失去的寶貝？眞的是爲了拚命追尋遠去的夢想？

答案也許是，也許不是。我們之所以會勞累不堪，通常只是因爲我們做事的時候，根本沒有用對方法。

並不是每件事都可以一分耕耘一分收穫，一旦使錯了力，費盡苦心也依舊得不到一點結果，倒不如冷靜下來，釐清方向。

今天的你，就暫且作一個盲人吧！當你閉上眼睛，在黑暗中小心翼翼地思索時，你必然會找到自己該走的路。

何妨做一個敏銳的「狗仔隊」？

成功不是沒有原因的，多花一分心思觀察，就能比別人多一分把握；多一分事前準備，就能比別人多一分成功的機會。

孟嘗君在齊國擔任相國時，正逢齊王的夫人去世，孟嘗君未雨綢繆，擔心齊王新立的夫人萬一和自己不對眼，暗地裡向齊王咬耳朵，那麼他的前途也就難以預料了。

爲了自己的政治前途，孟嘗君認爲應該先下手爲強，想個妥善的辦法，以杜絕將來的後患。

孟嘗君左思右想，覺得目前當務之急，就是要先和齊王屬意的新夫人示好才對。可是，齊王有七位妃子，個個如花似玉、國色天香，究竟哪一位才是齊王心儀的最佳人選呢？

苦思一番後，孟嘗君命人用上等的美玉做了七副耳環，並將其中一對做得特別精緻華麗，然後獻給齊王。不出他所料，齊王龍心大悅，馬上就把這七對耳環賞賜給他的七位妃子。

接著，孟嘗君又找了藉口進宮拜見齊王，同時悄悄地觀察齊王身邊的七位妃子，他知道只要誰戴的是那對最精緻的耳環，誰就是齊王心中最青睞的對象。

確實人選之後，孟嘗君順水推舟，趁機向齊王建言，請他冊封那位戴著別緻耳環的佳人爲新夫人。這一招正中齊王的下懷，齊王喜出望外，迫不及待地連忙準奏。

那位當上夫人的美人不明就裡，以爲自己能飛上枝頭，全歸因於孟嘗君的擁戴，自然知恩圖報，使孟嘗君相國的位置坐得更安穩了。

成功的人，通常都能準確地評估情勢，知道什麼時候該捕風捉影，什麼時候該搖旗吶喊，也知道什麼時候該功成身退。

這樣的人不但洞燭先機，還能掌控全局，不用等到新聞上門，就已經先明查暗訪獲悉內幕，做好萬全準備，是現實生活中最敏銳的「狗仔隊」。

成功不是沒有原因的，多花一分心思觀察，就能比別人多一分把握；多一份事前準備，就能比別人多一分成功的機會。

你還在怨天尤人，抱怨自己的運氣不佳嗎？

先問問自己努力了多少吧！

具備實力，才能贏得更多人氣

別人在乎的是你的實力，而不是你認識多少人！人氣只是一時，實力才能讓你贏得真正的認同。

在這個強調人脈關係的年代，很多人都會暗暗羨慕別人交遊廣闊，懊惱自己欠缺人氣，認識的朋友只有小貓兩三隻。

其實，何必跟自己生氣？你該做的是努力培養自己的實力。

老劉和他的朋友一起去逛書店，發現架上關於企業經營管理的書籍多不勝數，內容五花八門，但宗旨不外一些教人如何成功致富的法則。

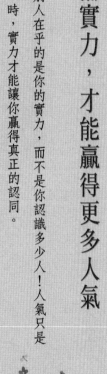

老劉走馬看花地隨手翻了一翻，語重心長地說：「這些書講的或許有道理，卻也都犯了一個相同的錯誤。」

在一旁的朋友甚是不解，奇怪的問說：「什麼錯誤呢？」

「你仔細看看，書中不斷地強調最重要的成功秘訣，在於人與人之間的關係，而且其中有一半以上的內容，都在教你如何做人。」

「這難道不對嗎？現代社會的人際關係眞的很重要啊！」朋友問。

老劉回答說：「這就要看你是注重眼前的小利，還是重視長遠的規劃了。人際關係或許對做生意有很大的幫助，但是更重要的是一個人的內涵、知識和能力。因爲，就算你認識的人再多，交際手腕再好，如果不是眞才實料，別人不過把你當跑龍套的小丑，根本不可能和你合作。」

情緒決定你的格局

確實如此，我們不妨仔細算算，世上知名的企業家當中，有幾個人是靠人緣而成功的？

別人在乎的是你的實力，而不是你認識多少人！

人際關係只是一座橋樑，通往你想前往的小島。

至於這座小島，將來會是貧瘠還是豐盈，是荒蕪還是美麗，全靠你自己一手一腳的耕耘。

一座礫石遍地、滿目瘡痍的小島，即使有再多的橋樑，也無法吸引外人前來觀光，因爲遊客的目的是欣賞風景，而不是觀賞這衆多的橋樑。

不如把自己打造成一座風光明媚、物產豐饒的島嶼吧！如此一來，就算這座小島必須渡越千山萬水，還是有人會不辭辛勞而來，因爲人氣只是一時，實力才能讓你贏得眞正的認同。

朋友不是你的垃圾桶

如果想忘掉痛苦，那就試著多為別人做點事吧！你會發現付出也是一種很好的療傷方式。

陳太太和陳先生十分恩愛，然而誰也想不到，陳先生在四十歲那年，卻不幸英年早逝了。陳太太受到了非常嚴重的打擊，茶不思飯不想，終日鬱鬱寡歡，唯一的寄託就是畫畫。

她把生活的重心完全放在繪會上，漸漸地，她的哀傷逐漸平息，得以重新審視目前的生活。

由於長久以來，她一直過著夫唱婦隨的日子，沒有自己的朋友，也缺乏與人相處的自信。

失去丈夫以後，她開始思索要如何擴展自己的生活圈，發現凡是受歡迎的人，身上大多具有某些特質，他們經常笑口常開，時時熱心助人，在團體裡總是讓人如沐春風。於是，陳太太開始到親朋好友家走動，並且提醒自己不要向別人抱怨自己的不幸。

她變得樂觀開朗，常常替大家製造歡樂的氣氛，久而久之，朋友越來越多，有任何活動總是第一個邀請她。

熱絡的社交生活使陳太太忘卻了失去至愛的傷痛，越來越珍惜目前愉快的生活。不久，在朋友的支持下，她舉辦了生平第一場畫展，所到之處，人人都樂意與她親近。

情緒決定你的格局

有的朋友帶給你快樂，有的朋友帶給你哀愁。

有的朋友時常給你讚美、鼓勵，有的朋友給你傷害、打擊。

有的朋友給你希望、力量，有的朋友給你挫折、刺激。

如果是你，你會選擇和哪一種朋友交往？

不要只顧著自身的傷痛，一味期待別人給你更多的愛和關懷。朋友不是你的垃圾桶，更不想每天見到你一張苦瓜臉，如果想忘掉痛苦，那就試著多爲別人做點事吧！

你會發現，付出也是一種很好的療傷方式。

理直不一定要氣壯

人與人之間的爭吵、欺詐、鬥爭、迫害，都只是浪費精神又沒有意義的事情，與其據理力爭，不如自己先退後一步，使別人知難而退，自然也就平息了這場糾紛。

美國總統羅斯福在還沒成功之前，就已經是一個心胸開朗、正直磊落的人，深獲親友敬重。

一次，羅斯福的手錶不翼而飛，四處尋找，發現是鄰居偷了他的錶。證據確鑿之後，所有人都等著看好戲，看看那名鄰居會得到什麼樣的下場。但是羅斯福卻一直毫無動靜，既沒有找那位鄰居討回他的手錶，也沒有再追究這件事，整件偷竊案就這麼不了了之。

後來，鄰居之中有一名好事之徒實在忍不住了，好奇地詢問羅斯福，爲什麼不把這件事情查個水落石出，弄個清楚明白呢？

羅斯福回答他說：「如果我去找他理論，或許可以把手錶要回來，但是大家以後見了面卻會十分尷尬，對我來說也得不到什麼好處。我相信只要我做得很好，別人就不會再找我麻煩，大家可以和樂的相處，那麼損失一只手錶，又有什麼關係呢？」

羅斯福一直以和平融洽爲生活宗旨，並從小地方做起，培養自己坦然開闊的心胸，無論遭遇到任何困難也不會輕易地屈服。

他這樣的胸襟長存於每位美國人民的心目中，流芳百世，寬宏大量的氣度至今仍令人感念不已。

情緒決定你的格局

哲學家尼采曾經寫道：「我認為，世界上還沒有任何一種東西，能像憤怒的

情緒那樣，更能迅速地損耗一個人。」

確實，暴怒、抱怨、指責、批評……這些「情緒炸彈」經常造成傷人又傷己的後果。遭遇不如意的事情，千萬不能用負面情緒因應，要試著讓自己冷靜，做情緒的主人，理性地面對各種讓自己氣不停的事情。

人們常爲了一些雞毛蒜皮的小事爭執不休，徒然浪費許多有限的生命而一無所獲。

世界上沒有任何一件事比「和平」還要來得可貴，人與人之間的爭吵、欺詐、鬥爭、迫害，都只是浪費精神又沒有意義的事情，與其據理力爭，不如自己先退後一步，使別人知難而退，自然也就平息了這場糾紛。

羅斯福最了不起的地方，是他達到了自省的境地，沒有怪罪別人，而是先檢討自己，認爲只要做好自己的本分，就不會有人再來挑釁。

理直不一定要氣壯，得饒人處且饒人，太過執著於是非對錯，只會使冤冤相報何時了，其實理直也可以氣和，你說不是嗎？

6.

偶爾裝傻也不錯

鋒芒太露，只會招來更多無謂的阻力，況且智慧不是寫在臉上的，而是藏在腦子裡。

諒解比生氣更能解決問題

你當然有權利選擇生氣，但是你也可以選擇不生氣，因為生氣，問題還是懸在那裡，並沒有因此而解決。

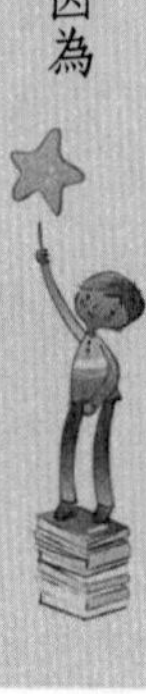

作家斯特恩曾經寫道：「只有勇敢的人才懂得如何寬容。懦夫不會寬容，因為這不是他的本性。」

在日常生活中，諒解可以產生奇蹟，諒解猶如一支火把，能照亮由焦躁、怨恨、復仇心理鋪就的道路。

阿福經營一家汽車美容公司，白手起家的他，十分注重公司的管理，不斷地

進修一些談話技巧，希望可以提昇自己的內涵，應用於經營管理之上。

有一次，公司裡一名工人沒有把分內的工作做好，客人投訴時甚至還對客人大呼小叫，行爲惡劣，嚴重損害了公司的名聲。

阿福得知後並沒有當面斥責他，而是在下班之後，請他留下來喝一杯，和顏悅色地對他說：「你是所有員工裡最資深，技術也最頂尖的一個，很多客人都指定要你替他們服務，我也一直以有你這樣的員工爲傲，這家公司可以說不能沒有你。」

阿福恭維了一番之後，接著說：「但是最近，我發現你的脾氣變得暴躁，而且沒有耐性，好多小地方都沒有注意到，你以前的品質和水準到哪裡去了呢？也許我們可以一起來解決這個問題。」

這名員工聽了老闆的一番話，心裡有了很大的感觸，坦誠地告訴老闆，由於幫助妻子的娘家，自己欠下了一些債務，心情變得煩躁，以致影響了工作的績效。

他還再三保證，自己目前的工作量絕對在他的能力範圍之內，只是太過疏忽了，所以才沒有盡好職責，希望老闆再給他一次機會。

阿福明白了員工的處境，也原諒了他的過失，二話不說借了一筆錢給他，希望他度過難關之後，可以安心工作。事實證明，阿福這麼做是正確的，這名員工仍然是店裡最資深，技術也最頂尖的一個。

情緒決定你的格局

「諒解」是十分重要，也是很多人所缺乏的，尤其在上位者，常常只想到自己的利益，忽略了其他人的處境，不重視別人的心情。

所謂的「諒解」，就是站在彼此的立場互相體諒，也互相了解，進而營造更好的人際關係。

對於別人所犯的錯誤，你當然有權利選擇生氣，但是，生氣眞的有用嗎？其實，你也可以選擇不生氣，因爲生氣只是替自己築起一道高牆，問題還是懸在那裡，並沒有因此而解決。

生氣只是火上加油，不如克制自己的脾氣，用不同的心態來面對問題，你會發現，諒解比生氣來得有用。

別老是看著背後的污點

相信自己，你有你的價值，而你所要做的，就是栽培自己，發掘自己的價值。

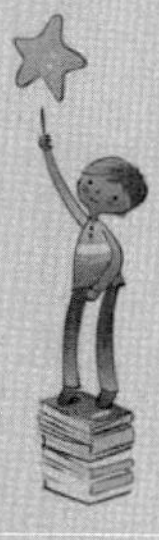

艾爾從小在底特律的貧民區長大，和其他的黑人一樣，飽受別人歧視的眼光。缺乏良師益友的艾爾，比一般孩子來得更爲叛逆，逃學和吸毒對他而言就像家常便飯一樣。

十二歲時，艾爾因爲搶劫一家商店被逮捕，但是這個教訓並沒有使他學乖，在他十五歲時，又因企圖撬開公司的保險箱而再次被捕，從此之後，艾爾便成了警局的常客。

到了十八歲那年，他因爲參與一家酒吧的武裝打劫，終於使他以成年犯的身分被送進了監獄。

入獄之後，艾爾認爲自己的人生已經被畫上了記號，註定這輩子要永遠沉淪，不得翻身了。所以，他每天早上起來，便無所事事的等待太陽下山，不思索未來，也不擔心自己往後的日子，除了日常的勞役之外，艾爾只偶爾打打棒球，這也是他唯一的嗜好。

有一天，一個無期徒刑的囚犯看到艾爾在打棒球，覺得他的身手異常俐落，投球的速度非比尋常，因而語重心長地告訴艾爾：「人的潛力往往超乎自己所能想像，你和我不一樣，你還有大半的人生要過，可以從頭開始，千萬不要自暴自棄！」

一語驚醒夢中人，艾爾發現自己的前途其實並不像想像中那麼的灰暗。作爲一個囚犯，最大的自由就是他可以選擇出獄後要過怎樣的人生，要繼續做一個沒有明天的亡命之徒，還是重新做人，發揮自己的潛力，做一名職業球員，完成自己的夢想？

好不容易下定了決心，艾爾便投注他全部的心力勤練球技，趁著底特律老虎隊來監獄訪問，艾爾在友誼賽中全力以赴，表現得一鳴驚人。

因此，才剛假釋出獄，艾爾就被底特律老虎隊延攬到旗下，不到一年，便成了老虎隊的主力球員。

沒有人在乎他曾經是一名前科累累的不良少年，因爲他在球場中傑出的表現，已經締造了自己全新的價值。

情緒決定你的格局

一味自怨自艾的人，根本沒有資格抱怨別人爲何不關愛你。

千萬要切記，就算全世界的人都背棄你，你仍然可以關愛你自己。因此，一定要用寬厚的心情對待自己，不要再跟自己的過去生氣。

過去的人生覆水難收，但是未來卻仍掌握在自己的手中。

只要鼓起勇氣向前走，沒有人會特別注意你背後的污點。從前做錯的事，你已經付出了慘痛的代價，但未來是一條嶄新的道路，你仍然有機會可以重新選擇要過什麼樣子的人生。

每個人都有可能犯錯，但那並不代表你一無是處。

人生就像櫥窗裡的衣服一樣，各式各樣、千奇百種，即使衣服不小心沾上了污點，款式不怎麼賞心悅目，但是別忘了，它至少都還有禦寒的功能，那麼，你又何須妄自菲薄呢？

相信自己，你有你獨特的價值，眼前你所要做的，就是下定決心栽培自己，發掘自己的價值。

別像無頭蒼蠅到處亂竄

不必害怕暫停，因為暫停不是句點，而是人生樂章上的一個休止符，為的是延續更動人的節奏，譜出另一段高潮。

有一批礦工在很深的地面下工作，有一次，正當他們努力挖礦時，照明的燈具突然發生了故障，才幾秒鐘的工夫，四周立刻陷入一片漆黑。

這下子可好了，連出口在哪裡都看不到，大夥兒一驚慌，碰碰撞撞地四處尋找出口，一會兒向左，一會兒向右，兜了幾個圈子之後，大家累得筋疲力盡，連東西南北都分不清楚了，只好坐在原地休息。

隨著時間一分一秒地過去，礦坑裡的空氣也變得越來越稀薄了，一位年長的礦工建議：「再這麼像無頭蒼蠅似的到處亂竄也無濟於事，不如我們就坐在這裡，看看能不能感覺到一點點風，只要感應到風吹進來的方向，就可以知道出口的位置了。」

老礦工說得很有道理，大家也都認爲這是最好的辦法，於是全部人都坐在原地，屏氣凝神地感應氣流的波動。

剛開始，他們什麼也感覺不到，但隨著心情越來越平靜，越來越和緩，他們漸漸感受到有一絲微弱的風吹拂在臉上。

於是，礦工們便順著風吹來的方向，在黑暗中慢慢摸索，最後終於讓他們找到了正確的出口。

情緒決定你的格局

法國文豪巴爾札克曾經寫道：「因為情緒而行事，只會莽撞草率地毀壞自己，應該讓心情冷靜下來，讓自己的頭腦更加清醒。」

堅持到底的同時，別忘了調整自己的方向；遇到危急情況，一定要有足夠的信心和智慧，不要讓情緒左右自己。

在人生旅途中，遇到困難的時候，與其在黑暗中盲目摸索，不如坐下來冷靜思考，看看眼前的難題有沒有轉彎的餘地。

如果傾盡全力去做一件事依舊沒有結果，別急著抓狂，何不暫停一下，養精蓄銳好爲將來更長遠的路作準備？

不必害怕暫停，因爲暫停不是句點，而是人生樂章上的一個休止符，爲的是延續更動人的節奏，也是譜出另一段高潮的開始。

偶爾裝傻也不錯

鋒芒太露，只會招來更多無謂的阻力，況且智慧不是寫在臉上的，而是藏在腦子裡。

美國第九任總統威廉·亨利·哈里森生長在一個小城鎮中，由於他生性非常害羞內向，不善於表達自己的意見，因此，鎮上的人都把他當成大傻瓜，時常想盡辦法要尋他開心。

他們經常玩這樣一個遊戲，把一枚五分和一枚一角的硬幣擺在威廉面前，問他想要哪一個。

而威廉總是像他們期待的那樣，一臉疑惑地搔了搔頭，然後拿起五分硬幣放進口袋裡。

這個遊戲總會引起孩子們的哄堂大笑，連大人們也認爲，這個孩子實在笨得可以，居然連五分和一角都分不清，眞是個可憐的傻子！

一天，孩子們一如往常地捉弄威廉，有個好心的婦人見到威廉被嘲笑的可憐模樣，於心不忍，不禁走向前去和藹地對威廉說：「孩子，你應該選一角，一角比五分值錢，難道你不知道嗎？」

威廉神秘地地笑了笑說：「我當然知道，但是我也知道，要是我選了那枚一角的硬幣，以後他們就不會再拿硬幣來給我選了。」

情緒決定你的格局

富蘭克林曾經在《窮查理的曆書》裡寫道：「平庸的人，最大的缺點，就是經常覺得自己要比別人高明。」

面對這樣自以爲比別人高明的人，不必和他們一般見識，更不必和他們爭得臉紅脖子粗，何必笨到跟豬打架呢？

你大可裝傻，帶著微笑欣賞他們的愚蠢表演。

《唐吉訶德》的作者賽萬提斯曾說：「喜劇裡最難扮演的角色是小丑，雖然是傻角，但是扮演的人卻必須很聰明。」

「大智若愚」才是眞正的處世智慧，哪一個成功人士會在未成氣候之前，就急著嶄露自己的頭角呢？

鋒芒太露，只會招來更多嶄無謂的阻力，況且智慧不是寫在臉上的，而是藏在腦子裡。

你認爲自己很聰明嗎？

謙虛一些，學學這位美國總統的大智若愚吧！

阻力就是最大的助力

別人越是看不起你，你就越要努力使大家刮目相看，阻力有時也能成為一種向上攀爬的助力。

博麟在大學時期表現十分優秀，是學校裡傑出的風雲人物。

他剛踏入大學校園時，由於對文學有著濃厚的興趣，因此想加入專門編輯校刊的文學社，沒想到文學社卻因爲他是大一新生，認爲他不夠資格加入，因此拒絕了他的申請。

博麟一氣之下，轉而加入文學社的死對頭「大學報」，想要一挫文學社的銳氣。沒想到，這個原本出於賭氣的行動，卻成了博麟接觸新聞界的啓蒙。

畢業之後，博麟想繼續朝報界發展，因而申請了美國哥倫比亞新聞研究所，但始終沒有獲得批准，於是博麟放棄了赴美深造的念頭，從一家地方報社開始了他的記者生涯。

這家報社雖小，但給了他許多實習磨練的機會和經驗，遠比各種學術理論都來得有用。

幾年之後，博麟進入大報社擔任編輯，有了相當傑出的表現。他最感謝的就是當初讓他吃閉門羹的文學社，因爲沒有他們的拒絕，就不會啓發他進入報界的第一步。

其次，他也由衷感謝美國哥倫比亞大學拒絕了他的入學申請，否則，他今天可能只是個學者，根本沒有在新聞界衝鋒陷陣的歷練。

塞翁失馬，焉知非福，博麟發現，他這一生所遭受的阻力，到頭來卻都變成了他的轉機。

危機等不等於轉機，阻力能不能成爲助力，全憑你的智慧與決心。

當你的能力被別人全盤否定時，你可以自暴自棄地立刻棄械投降，告訴自己：「沒錯！我就是這樣。」

但是，你也可以選擇把阻力變成助力，用行動來證明自己的實力和決心，終有一天，要讓他們後悔自己的有眼無珠。

遭遇挫折不一定是死路一條，何必動氣？何必呼天搶地？它只不過是強迫你趕快下定決心，爲自己尋找另一條出路。

別人越是看不起你，你就越要努力使大家刮目相看，阻力有時也能成爲一種向上攀爬的助力，只要對自己充滿信心，就沒有扭轉不了的危機。

沒有「不可能的任務」

所謂的「不可能」，只是沒有能力的人嘴裡的藉口，缺乏自信的人口中的託辭。

當亞特蘭大機場還在建設的時候，所有的商家都虎視眈眈，希望能在機場裡佔得一席之地，這正是把自己的產品，推往國際舞台的最佳戰場。

後來，聯合汽車出租公司取得了機場的授權，可以在機場外圍鋪設四公畝的營業用地，但是，當時距離正式啓用只剩下十天的時間，要在這麼短的時間之內，鋪設好四公畝大的停車場簡直是天方夜譚。

儘管聯合汽車出租公司開出的價碼十分優渥，卻沒有一家建設公司願意承包這項困難重重的工程。

最後，這個不可能的任務，便落到了一家新成立的小公司手裡。

由於公司剛成立，急需開創業績，他們只好放手一搏，允諾在十天之內竭盡全力完成這個艱鉅的工程。

由於時間緊迫，必須分秒必爭，這家小公司租來了夜間照明的發電機，好讓晚上的工程也能順利地進行下去。

在用水方面，他們不浪費人力物力去租用一般工地所使用的運水車，而是突發奇想，直接把消防栓接到水龍頭上，需要用水時，只要拖著水管就能行動自如了。諸如此類的創意，在這十天之內紛紛出籠，他們無所不用其極，一步一步地克服種種難關，好讓工程繼續下去。

機場開幕的前一天晚上，工程終於如期完工了，聯合汽車出租公司成了機場內唯一一家提供租車服務的公司，而承包的廠商自然也跟著水漲船高。因爲，這家新成立的小公司完成了連老牌廠商都做不到的事，效率和信譽皆有目共睹，於是就在這短短的十天之內一炮而紅了。

情緒決定你的格局

太陽底下沒有新鮮事，天底下也沒有不可能的事。所謂的「不可能」，只是沒有能力的人嘴裡的藉口，缺乏自信的人口中的託辭。

沒有認眞試過，你怎麼知道不可能？

沒有盡力去做，你怎麼知道不可能？

你會認爲不可能，很多時候是受到時間空間的限制，一味發慌、發怒，不曾靜下心來認眞思索究竟要怎麼做。

苦惱並不能解決生活中的各種突如其來的危機，只會讓自己越活越懊惱，還不如利用這些苦惱的時間，思考解決難題的方法。

事在人爲，別再跳腳說「不可能了」，你唯一要思考的，是如何把「不可能」的事變成「可能」，因爲不到最後關頭，凡事都有可能。

有純真的心靈，才有真正的信任

要有最純真的心靈，才能產生最堅強的信任，曾經，我們也都和小男孩一樣，對人沒有懷疑，只有無私的信任。

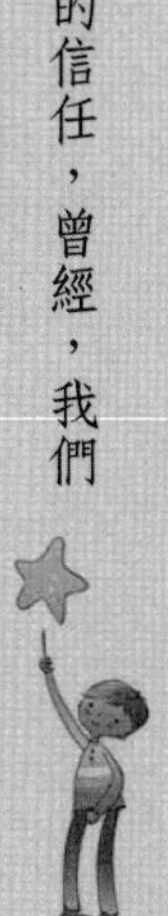

尼加拉瓜瀑布雄偉壯麗，每分鐘流洩兩百多噸的水量，氣勢恢弘，吸引了許多觀光客。

一天，一名特技演員在瀑布的上方，架起了一條細細的鋼索，鋼索下面是萬丈懸崖與傾洩而下的浩大瀑布，隆隆的水聲像是這場演出的配樂，令人聽了膽顫心驚，更加捏了一把冷汗。

這名特技演員輕巧地踏上鋼索，優雅的步伐像在跳華爾茲一般，他靈活地在細繩上來回走動，贏得了觀眾熱烈的掌聲。

特技演員似乎覺得這樣的表演還不夠過癮，便對著觀眾大聲吆喝：「有誰願意上來，讓我背著他穿過懸崖？」

觀眾聽了，不由得倒抽了一口氣，大家你看我、我看你，沒有一個人敢站上前去，只有一個小男孩勇敢地舉起手，挑戰這個大膽的提議。

現場觀眾們個個目不轉睛，看著他們一步步慢慢地在鋼索上走著，直到他們平安走下鋼索，大家的心才總算著了地。

所有的人都對這名小男孩的膽量佩服不已，不禁好奇地問他：「你怎麼敢讓這個人背你走上鋼索呢？難道你不知道這有多危險嗎？萬一不小心掉了下去，你的一條小命就沒了。」

小男孩一點兒也不膽怯，驕傲地說：「我一點兒也不怕，因爲他是我爸爸，是全世界最棒的特技演員，不會讓我有一點兒危險的。」

你曾因爲無法信任別人或不受別人信任而氣惱嗎？如果是的話，那可能是因爲你血液中的純眞情愫已經流失了，與其暗自生氣，不如試著把它找回吧。

小男孩無條件地信任父親，父子親情令人感動，原來眞正的信任，就是毫不猶豫地爲他挺身而出。

在小男孩的世界裡，爸爸是他心目中的巨人，是無所不能的超人，只是再過五年、十年之後，小男孩長大了，見多識廣了，他是否還會和今日一樣毫不猶豫，讓爸爸背著他走鋼索？

要有最純眞的心靈，才能產生最堅強的信任，曾經，我們也都和小男孩一樣，對人沒有懷疑，只有無私的信任。

那是一段多麼無憂無慮的時光啊！

別讓環境影響你的心境

真正能夠影響一個人的，其實並不是他身處的環境有多麼惡劣，而是他把環境想得多麼惡劣。

第二次世界大戰結束以後，德國被戰火燒成了一片大廢墟。

美國社會學家特地帶著幾名研究人員來到這裡查看，探望了許多戶住在地下室的德國居民，想要了解他們的生活狀況。

查看之後，社會學家問其中一名研究人員說：「你認爲像這樣的民族還有機會振興起來嗎？」

「嗯……這個嘛，很難說呢。」研究人員回答。

「但是，依我看，他們肯定能再站起來！」社會學家的口氣異常堅決，引起了衆人的好奇。

「您爲什麼這麼肯定他們一定會再興盛起來呢？」研究人員不解地問。

社會學家說：「剛才我們拜訪了這麼多戶人家，你們有沒有注意到他們的桌上都放了什麼呢？」

研究人員想也不用想，就立刻回答道：「一瓶鮮花。」

「那就對了！這個民族在如此困苦的環境中都還沒有忘記愛美，那就說明了他們一定能夠在廢墟上重建家園！」

情緒決定你的格局

如果連在最惡劣的環境中都沒有忘記美好的事物，那麼就一定能夠努力爭氣、戰勝環境，並且改變環境。

眞正能夠影響一個人的，其實並不是他身處的環境有多麼惡劣，而是他把環境想得多麼惡劣。

如同愛默生所說：「怎麼樣的思想，就會有怎麼樣的生活。」負面的想法能令城堡變鬼屋，但是一盆鮮花就可以使陋室變天堂。

不要動輒抱怨、生氣，無論在什麼樣的情況下，我們都不應該忘記生活中美好的部分，因爲對美的渴望能夠驅使我們用心面對生活。只要我們願意用心經營生活，則生活無處不美，處處都值得我們珍惜。

別當裝模作樣的「假道學」

別只顧著譏責別人，過於嚴苛的要求，如果連自己都做不到，那麼只不過是突顯自己本身的虛偽罷了。

有一位道學大師自認功力深厚，對門下的學生要求極爲嚴格。

他認爲學道之人，定力勝於一切，應該要沉穩鎮定，萬萬不可隨波逐流，輕易被外物所動搖。

一天，大師正在講課途中，突然發生了強烈地震，一時間天搖地動，屋頂的瓦片樑木開始碎裂崩落。

學生們個個嚇得驚慌失措，有的人躲在桌下，有的躲在牆角，驚叫聲此起彼落，只有大師一人仍在講桌前靜坐不動，甚至悠閒地拿起水杯喝水，顯得老神在在，十分鎮定。

地震過後，一切回歸平靜，學生們紛紛回到自己的座位上，大師趁機嚴厲地訓斥道：「看看你們一個個抱頭鼠竄、面無血色，我平常是怎麼教你們的？不過是一場小地震而已嘛！平時我總教你們要修身養性，增強自己的定力，你們不好好用心學習也就算了，還嚇得驚慌失措，眞是丟盡了我的臉！你們看看我，就算天塌下來，都還能若無其事地喝水，注意看看，我握杯子的手連一下也沒有抖。」

一位學生聽了，相當不以爲然，小聲地說：「報告老師，您的手的確沒有發抖，但是，您手上拿的不是水杯，而是花瓶。」

情緒決定你的格局

無論再怎麼有才學、有道行的人，一旦自恃過高，便成了裝腔作勢的虛僞之徒，也就和一般追求表面虛榮的凡夫俗子沒有兩樣了。

人都有憂患意識，面對突如其來的災害，也會有本能的反應，大驚失色甚至奪門而出，都是人之常情，沒什麼好羞恥的，因爲保全生命畢竟比保持定力來得重要。

故事中的道學大師，試圖藉由不齒學生的行爲，強調自己「不動如山」的定力，但一只花瓶卻洩露了自己的秘密，這下子豈不成了一個裝模作樣、虛有其表的「假道學」？

別只顧著譏責別人，過於嚴苛的要求，如果連自己都做不到，那麼只不過是突顯自己本身的虛僞罷了。

7.

走出壞情緒，會發現更多樂趣

壞情緒總該有個盡頭，除非你選擇要永無止盡地沉溺在裡面。要不要回到平靜的岸邊，決定權掌握在自己手中。

了解自己的能力，才能適時爭氣

坐在別人的肩膀上摘下來的蘋果固然沒有味道，但是那總比摘不到蘋果餓著肚子要來得好。

知名作家大仲馬的兒子小仲馬承襲了父親的才華，也非常熱衷於寫作。只是，小仲馬寄出去的稿子總是四處碰壁。

大仲馬知道這件事以後，建議兒子以後在投稿時，順便附上他的一封親筆信，讓編輯先生知道他們父子倆的關係，說不定情況就會好轉。

小仲馬拒絕了父親的提議：「我不想坐在你的肩上摘蘋果，因爲那樣摘來的蘋果沒有味道。」

不但如此，小仲馬在投稿時還特意使用筆名，以免出版社的編輯一看到他的名字，就把他和大名鼎鼎的父親聯想在一起。

終於，經過多年的苦心奮鬥，以及一次又一次冷酷無情的退稿之後，小仲馬的長篇小說《茶花女》總算引起了出版社的注意。

一名和大仲馬有私交的編輯在看到投稿人的地址之後，還懷疑那是大仲馬用另外一個名字投稿，只是《茶花女》的寫作風格和大仲馬以往的作品迥然不同，難道是大仲馬又有什麼新的構想嗎？

這名編輯忍不住好奇，迫不及待地來到大仲馬家裡拜訪。

出乎他的意料，《茶花女》這部成熟而且出色的作品，竟然是出於年輕的小仲馬之手。

他感到很奇怪，問小仲馬：「你爲什麼不直接署名『大仲馬的兒子』，或是附上你的眞實姓名呢？」

小仲馬聳了聳肩，輕描淡寫地回答說：「我不想靠父親登高，因爲我只想擁有眞實的高度。」

結果證明，小仲馬的作品廣受歡迎，許多書評家更是認爲《茶花女》這部作品的價值遠遠超越了大仲馬的代表作《基督山恩仇記》。

小仲馬不因爲一時的不如意而洩氣，反而更加爭氣，不僅擁有了眞實的高度，而且還憑著自己的力量，嚐到了最香甜的蘋果。

情緒決定你的格局

小仲馬的志氣固然很值得敬佩，但前提是，他必須要擁有和他的志氣等量的過人才華才行。

如果小仲馬不是眞的那麼才華洋溢，那麼很可能他埋頭苦幹寫了一輩子，也始終無法出人頭地，倒不如善用父親的名氣，適時地拉自己一把，讓自己受到矚目以後才來充實內涵也不遲。

坐在別人的肩膀上摘下來的蘋果，固然沒有味道，但是總比摘不到蘋果，讓自己餓著肚子要來得好。

從小仲馬的故事中，我們學到的不只是「靠自己去贏得眞實的高度」，更是「要清楚知道自己眞實的高度在哪裡」。

塞萬提斯在《唐吉訶德》裡提醒我們：「低估自己是懦弱，高估自己是魯莽，真正的勇敢來自於正確地評估自己。」

唯有清楚知道自己眞實的高度在哪裡，才能判斷自己究竟比較適合單槍匹馬地打拼，還是站在巨人的肩膀上仰望，抑或什麼事情都不用做，只要待在蘋果樹下等蘋果自動掉下來就好。

不肯放下煩惱，就無法開懷大笑

煩惱其實從來沒被邀請，一切都只是人們的一廂情願。是我們自己選擇要去煩惱，而不是煩惱自行來將我們困住。

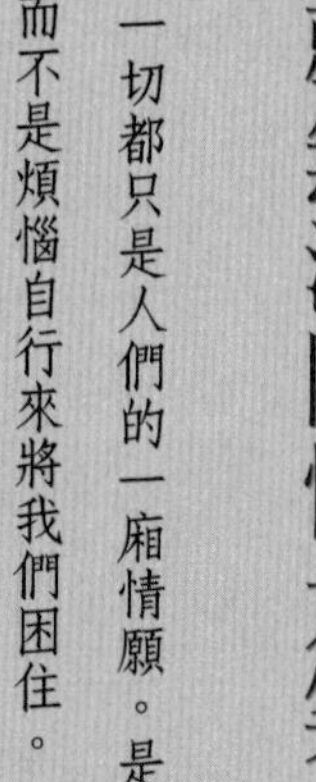

有個不快樂的男孩四處尋找擺脫煩惱的辦法。

有一天，他經過一座山腳，看見一個牧童騎在牛背上，吹著悠揚的橫笛，一副逍遙自在的模樣。

於是，男孩走上前去，問牧童說：「可不可以請你告訴我，要怎麼樣才能像你一樣快樂呢？」

牧童回答：「只要你騎在牛背上，笛子一吹，自然就會很快樂了。」

男孩試了試，一點效果也沒有。

他又繼續往前走，在經過一條河流時，看見一位老翁坐在樹蔭下釣魚，看起來怡然自得的樣子。

男孩走上前去，問老翁說：「老伯伯，你可以告訴我擺脫煩惱，使自己自由自在的方法嗎？」

「那有什麼問題？」老翁拍著胸脯回答：「只要你跟我一起釣魚，保證你什麼煩惱都沒有。」

男孩坐下來跟著老翁釣了大半天魚，卻失望地發現他的煩惱還在。

他只好繼續往前走，希望可以找到快樂的秘訣。

下雨了，男孩來到一處山洞躲雨，他看見山洞裡有個老人獨自坐在裡面，臉上帶著平靜滿足的微笑。

「老爺爺，你可不可以告訴我，爲什麼你可以笑得這麼滿足呢？」

「我笑得這麼滿足，是因爲我的內心平靜，沒有煩惱的關係。」老人平靜而祥和地回答說。

男孩繼續追問：「那你可不可以告訴我要怎麼才能擺脫煩惱呢？」

老人露出疑惑的表情，反問男孩：「擺脫？爲什麼要擺脫？難道是煩惱自己來困住你的嗎？」

男孩仔細地想了想，搖搖頭說：「……不是。」

「這就對了，既然不是煩惱自己來找你困住你，那麼你又何必自尋煩惱呢？」老人笑著說。

情緒決定你的格局

許多心理學家都認爲，人的心理狀態不斷影響著生理狀態，開朗豁達的人會用樂觀的思緒看待問題，至於消極悲觀和無法掌控情緒的人，最後就只能任由負面情緒主導自己，成爲情緒的奴隸。

煩惱其實從來沒被邀請，一切都只是人們的一廂情願。

生活中，我們的確會遇到許許多多大小不一的麻煩，難免會有放不下的事情與難以解決的煩惱。

但是要知道，是我們自己選擇要去煩惱，而不是煩惱自行來將我們困住。不會意氣用事的人，將來比較能夠爭氣，做出一番大事。

只要還承受得了，煩惱的壓力可以幫助我們成長，讓我們想通一些事情，不也沒有什麼不好？但若壓力大到承受不了，我們就應該要試著忘卻煩惱，不要再繼續和煩惱糾纏。

沒有一個人的人生是完全沒有煩惱的。有些人之所以可以笑得開懷，是因爲他在煩惱過之後，懂得將煩惱放下。

無形的缺憾不是終生的遺憾

我們所煩惱的事情不值得煩惱，因為它根本就不存在，從前那些被視為「缺憾」的缺憾，其實只是「缺少」而已。

有個年輕人在一次意外中失去了他的左手臂，從此以後，他老是覺得自己矮別人一截。每當看到別人生龍活虎、身手敏捷的樣子，年輕人總是難過得把淚水往肚子裡吞，獨自承受痛苦。

爲了讓自己忘卻傷痛，年輕人把自己埋首於書堆當中。倘徉於浩瀚書海的時光，是唯一能夠令他感到滿足的時刻。

然而，一旦放下書本，他又不得不離開那充滿夢想與希望的文字世界，回到殘酷的現實生活裡。

一天，他在書上讀到了一位高僧的名號，聽說這位高僧非常善於開導人，許多憂鬱症的病患經過高僧的開解之後，都會立刻不藥而癒。

年輕人特地前去拜訪這名高僧，一見到高僧，就把自己的苦惱一五一十地說了出來，並且舉起那隻因爲沒有手臂所以空著的袖子對高僧說：「不信你看，這就是折磨我多年的缺憾。」

高僧把手伸進年輕人空蕩蕩的袖管裡，然後抬起頭來微笑著說：「什麼缺憾？我只看見了你的袖筒裡什麼都沒有！」

年輕人聽了，豁然開朗，終於明白一直以來困擾自己的，其實只是一樣看不見的東西而已。

情緒決定你的格局

我們總是爲了自己少了什麼而煩惱，而高僧的一席話剛好點破了這個盲點，他讓我們知道：當我們爲自己的缺憾而感到煩惱和遺憾時，其實是在爲那些不存在的事物而煩惱。

換句話說，我們所煩惱的事情不值得我們煩惱，所遺憾的事情也不代表著遺憾，因爲它根本就不存在。

世間萬物從來沒有十全十美，人生本來就充滿了缺憾，若我們能夠坦然面對自己的缺憾，從缺憾裡享受缺憾之美，或許就會領悟到：從前那些被我們視爲「缺憾」的缺憾，其實只是「缺少」而已，不是缺憾，也沒有遺憾。

與其去追求那個完整卻不存在的自己，不如爭氣一些，和現在這個眞實而不完滿的自己好好在一起，你說是嗎？

扛著過去的包袱，只會受到拘束

過去的已經過去，現在留在你身上的，只是一道已經結痂的疤痕，而不是一個鮮血淋漓的傷口。

有個年輕人扛著一個大包裹，跋涉千里拜訪一名受人景仰的大師。

年輕人向大師哭訴說：「大師，我自小父母雙亡，一個人孤伶伶地長大，孤獨、痛苦和寂寞使我疲倦到極點。我來找您，就是爲了尋找我心中的陽光，我走路走到鞋子磨穿了，腳掌割傷了，手也流血了，嗓子也沙啞了，好不容易才見到了您，但是，爲什麼我依然還是覺得自己的人生如此灰暗呢？」

大師聽了，反問他說：「你說你費盡了千辛萬苦來到這裡，請問你一路上是帶著什麼來到這裡的呢？」大師說著，指了指年輕人背上的行囊。

年輕人說：「我化悲憤爲力量，只要想到從前每一次跌倒時的痛苦、每一次受傷後的哭泣、每一次孤寂時的煩惱，我就會感到有一股悲慟的力量推著我往前走，靠著這股力量，我才能走到您這兒來。」

大師點點頭，表示理解。接著，他帶著年輕人來到河邊，一同乘船過了河。等到上岸以後，大師對年輕人說：「你扛著船趕路吧！」

「什麼，扛著船趕路？」年輕人簡直不敢相信自己的耳朵，「船那麼重，我扛得動嗎？就算我扛得動，我也扛不了多久啊！」

「是啊，孩子，你說得對，」大師摸了摸鬍子，微笑著說：「當我們過河時，船是有用的。但是過了河，我們就要放下船趕路，否則，它只會成爲我們的包袱，拖慢我們往前走的速度。你所經歷過的痛苦、孤寂、災難、悲傷，這些對人生都是有用的，它能讓你成長，加速你的成熟。」

「但若你總是牢牢地把它們放在心裡不肯釋懷，它們就成了你人生的包袱。放下它們吧！孩子，生命已經夠沉重了，又何必再去加重自己的負擔呢？」

人生的挫折可以化為養分，幫助我們懂事、成熟。但若一直把曾經發生在自己身上的不幸記掛在心上，它就會變質為仇恨，一點一滴地腐蝕我們的心。

挫折是人生必要的痛，但是一旦傷心過了，就應該學會療傷止痛，讓傷口結痂復原，才能毫無牽掛地繼續往前走，重新以客觀的角度看待自己的人生。

忘卻痛苦從來不是一件容易的事，哪個人在面對未來時，不是帶著過去的記憶？然而，要知道，過去的已經過去，現在留在你身上的，只是一道已經結痂的疤痕，而不是一個鮮血淋漓的傷口。

疤痕能夠讓我們記取教訓，卻不會讓我們感到痛苦。如果仍然覺得痛苦，那不是任何人的責任，而是自己始終不肯放下背上的包袱。

走出壞情緒，會發現更多樂趣

壞情緒總該有個盡頭，除非你選擇要永無止盡地沉溺在裡面。要不要回到平靜的岸邊，決定權掌握在自己手中。

一個生意失敗的男人出外散心，經過一座公園時，聽到公園裡傳來一陣悠揚的歌聲。那是一個快樂的人才能唱出的聲音。

任何人聽到那樣的旋律，都會被其中的快樂細胞感染，男人不禁停下腳步，仔細聆聽這令人感動的歌聲。

不久，歌聲停了下來。唱歌的男人從公園裡走了出來，臉上掛著和他的歌聲同樣令人感動的燦爛笑容。

能夠笑得這麼無憂無慮的人，一定也過得很無憂無慮吧！

男人忍不住上前對他說：「先生，從你的笑容就可以看得出來，你一定是個很幸福的人。唉，不像我，我的生命裡充滿了坎坷與挫折，你一定不知道憂愁和煩惱是什麼滋味吧！」

「我怎麼會不知道呢？」唱歌的男人說：「就在今天早上，我才剛剛遺失了錢包，裡頭裝滿了我一整個月的生活費呢！」

「喔？遺失了錢包！那你怎麼還可以這麼愉快地在這裡唱歌？」

「就是因爲遺失了錢包，所以我更要唱歌！你想想，我已經失去了錢，如果再失去一份好心情，豈不是要蒙受雙重損失嗎？」

情緒決定你的格局

爲發生在周遭的壞事感到沮喪是難免的，關鍵在於，你打算要沮喪多久？

人難免會因爲受到外在環境的波及，使得自己的情緒低落到谷底，這些是無法控制的。但是，至少應該要爲自己設定一個停損點，遇到小意外的時候，允許自己難過五分鐘、十分鐘，碰到重大挫折的時候，放縱自己傷心一個小時、兩個小時……

重點不在於容許自己不快樂多久，而在於在任何情況下，都應該知道，壞情緒總該有個盡頭，除非你選擇要永無止盡地沉溺在裡面。

當情緒的浪潮席捲而來，很少人能夠倖免於難。但是，要知道，那只是一段必經的過程而已。

要不要回到平靜的岸邊，決定權掌握在自己手中。

改變心態勝過改變事態

沒有絕對的壞事，只有被定義為「壞事」的事。不喜歡一件事物可是又無法改變它的時候，不妨試著把它想得美好一點。

一塊比房屋還要巨大的石頭在一次地震中從山頭滾落，不偏不倚，落在山下一處村莊的村口。

人們覺得這塊石頭既不美觀，又非常擋路，商量著要將它移走。

只是，比房屋還要高大的石頭是多麼沉重啊！就算把全村的壯丁集合起來，大夥兒同心協力也沒有辦法將它移動一毫一寸。

一天，有位高僧路經此地。村民聽說這名和尚是個非常有智慧的人，紛紛向他請教移動石頭的方法。

高僧看看巨石，嘆了一口氣說：「這豈是人力可爲？」

人們聽了，個個非常失望地走了。

然而，第二天早上，有人發現這塊石頭變了！石頭的中央莫名其妙地出現幾個字，寫著「鎭村之寶」。

那雄渾的字體和碩大的巨石搭配得天衣無縫，更顯氣勢磅礴，村民們忽然發現：有塊巨石擺在這裡其實也沒有不好。

漸漸的，再也沒有人想要搬動這塊巨石了，它一直巍然屹立在村口，而村民們也受到了這塊巨石的影響，白天工作格外有勁，夜裡也睡得特別安心。

這塊石頭果眞是天上掉下來的寶物啊！

情緒決定你的格局

這個故事告訴了我們一種珍貴的處世智慧，那就是——當我們不喜歡一件事物，可是又無法改變它的時候，不妨試著把它想得美好一點。

把擋路的石頭想成「鎮村之寶」，把討厭的小人想成耍猴戲娛樂你的小丑，把兇巴巴的老闆當成磨練你的貴人，把不順心的事情視為上天給你的考驗，如此一來，儘管你還是面對著同樣的人、同樣的事，但至少不會成天氣憤、感到委屈了，不是嗎？

世界上沒有絕對的壞事，只有被自己定義為「壞事」的事。只要不生氣看待發生的一切，不把事情想得那麼壞，你的生活、你的心情，甚至於你的運氣，自然就會變得好一點。

放大胸懷可以淡化陰霾

如果你的煩惱很多，那可能是因為你的世界很狹隘；如果你看不順眼的事情很多，那可能是因為你的心胸太狹窄。

十三歲的兒子自從上了中學以後，似乎有些適應不良，每天放學回家總是抱怨東抱怨西的。凡是學校裡的一切，他沒有一樣看得順眼，經常爲了一點小事而生上一整天的氣。

他的父親看在眼裡，感到非常擔心。

一次，兒子又在吃晚飯的時候向父親抱怨學校裡的事，父親聽了，沒有指責也沒有同情，只是叫兒子到廚房裡替他把鹽拿過來。

接著，他把鹽倒進水杯裡，讓兒子喝下去，並問他味道怎麼樣。

「鹹死人了！」兒子喝了一口，吐了出來，爲父親的舉動感到不解。

父親沒有說些什麼，只是叫兒子帶著一包鹽，跟他一起去湖邊。

到了湖邊以後，父親吩咐兒子把整包鹽撒進湖裡，然後對他說：「你現在喝一口湖水試試看。」

兒子按照父親的話，用手舀了一些湖水來喝。

「什麼味道？」父親問。

兒子回答：「涼涼的，很好喝。」

「有嚐到鹹味了嗎？」

「一點點，但是沒有關係。」

「是啊，一點點的鹹味，有什麼關係呢？」父親坐到兒子身邊，慈祥地對他說：「人生中遭遇到的痛苦就像這些鹽巴一樣，有一定的數量，不會多也不會少。你把鹽巴放在一個小小的杯子裡，會覺得很鹹，但是放在大湖裡，卻幾乎感覺不出來。既然我們無可避免地要承受這些痛苦，那麼不妨把自己內心的容積放大，讓你的心成爲一座湖，而不只是區區的一杯水，這樣一來你的痛苦不也跟著變淡了嗎？」

情緒決定你的格局

縮小痛苦最有效的方法，就是放大自己。

如果你的煩惱很多，那可能是因爲你的世界很狹隘；如果你看不順眼的事情很多，那可能是因爲你的心胸太狹窄。

既然你沒有辦法改變那些得罪你的人與事，與其一味賭氣，不如盡力把它們對你的衝擊降到最低。

一顆隕石的墜落可能會摧毀一顆行星，但是卻不會損害到整個宇宙。要學著成爲大宇宙，而不是小星星。如果你已經擁有了整片銀河的氣魄與胸襟，又何必爲一些芝麻綠豆般的小事煩心？

羨慕他人的幸福，不如學會滿足

保全自己已有的，再得到別人所有的，當然最好。但若為了追求別的東西，必須放棄已經擁有的，必須經過謹慎的考慮。

話說烏鴉和喜鵲各佔一座山頭做爲領地。

烏鴉的山頭長滿各式各樣的奇花異草，遠遠看上去，像座大花園一樣美麗。喜鵲的山頭則長滿了各種樹木，綠油油的一片，也十分壯觀。

烏鴉望著對面山頭，時常感到羨慕，嚮往那片山裡綠樹成蔭的清涼，不像自己的領地全是些亂七八糟的植物，每一株都弱不禁風的，沒有一棵能遮陽擋雨的東西！喜鵲也經常望著對面的山頭夢想著，喜歡那座山上繁花盛開的美麗景象，不像自己的這座山，全是些硬梆梆的大樹，簡直是毫無新意！

一天，烏鴉和喜鵲相遇，不約而同地互相稱讚對方的家園。烏鴉靈光一閃，提出要和喜鵲交換領地的建議，喜鵲也覺得這真是個好主意。於是牠們一拍即合，當天就搬到自己的新家去。

烏鴉來到喜鵲的山頭，一開始覺得很新鮮，但是過了沒幾天，就開始感到枯燥和無聊，這裡不像牠從前的家，光是賞花就可以消磨一整天，烏鴉感到後悔不已，牠的新家除了樹木還是樹木，實在太單調了。

喜鵲也面臨同樣的狀況，高興個沒幾天，立刻就發現這座山頭雖然花團錦簇，卻缺乏可以棲身的大樹，找不到地方可以休息，真是太難過了！

雖然烏鴉和喜鵲都對自己的新生活感到不滿意，白天的時候，牠們努力裝出快樂的樣子，但是到了晚上，卻徹夜難眠，痛苦不已。

人們總是渴望能夠擁有自己沒有的東西，這是一種很正常的心態。也由於這一股渴望，讓人們努力去追尋自己的夢想，努力讓自己過得和別人一樣好。

羨慕別人或許可以成爲我們進步的動力，但是在羨慕別人的同時，也應該要用客觀的角度，衡量一下自己所擁有的東西。

如果可以保全自己已有的，再得到別人所有的，當然最好。但若爲了追求別的東西，必須放棄掉自己原本已經擁有的，就必須經過謹愼的考慮。

我們之所以會羨慕別人，往往是因爲希望在自己已經擁有的幸福以外再錦上添花，比如說有了好身材，還要金頭腦；有了可愛的孩子，還希望他是資優生。但是，如果要我們犧牲現有的幸福來換取那些看似美好的事物，想必很多人都會頓時清醒，然後猛然發現，比起別人的幸福，自己擁有的幸福原來才是眞正不可或缺的。

增加實力克服困境

如果不想被輕易打倒，那麼就要增加自身的重量：一是增加自己肚子裡的墨水，二是增加自己堅毅的決心。

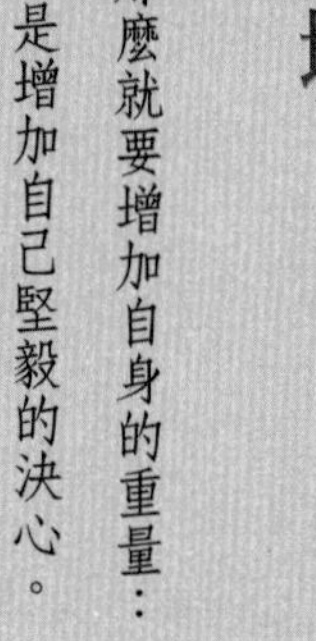

一個十歲的小男孩在父親工作的葡萄酒廠幫忙看守裝葡萄酒用的橡木桶。每天早上，他都會認真地用抹布將木桶一個一個擦拭乾淨，然後再一排一排擺放整齊。然而，每天早上他都氣憤地發現，昨天好不容易排好的木桶，才經過了短短一夜，就已經被風吹得東倒西歪。

幾天下來，小男孩覺得很無奈，委屈地向父親哭訴這件事情。

父親聽了，安慰他說：「別傷心，這個問題雖然很麻煩，但總是有方法可以

解決。你快想想，有沒有什麼辦法可以征服風呢？」

小男孩聽從父親的話，擦乾眼淚，坐在木桶邊認眞地思考了起來。

他想，木桶之所以會被風吹倒，是因爲木桶本身的重量太輕了。那麼，有沒有什麼方法可以使木桶的重量變得比較重呢？

有了！小男孩從井裡挑來一桶一桶的清水，把它們倒進空空的橡木桶裡，這下子別說是風了，就連人也很難移動它們。

第二天早上，小男孩一大清早就爬了起來，跑到放置木桶的地方去查看。

他的苦心沒有白費，那些木桶仍然一個個整整齊齊地並排在原地，小男孩從中明白了一個道理：不想被風吹倒，就要增加物體的重量；不想被麻煩擊倒，就要加深自己思考的深度與廣度。

情緒決定你的格局

只有當你本身的份量足夠的時候，才不會爲小事困擾。

人可以被打敗，但是不能被打倒。

每個人的力量都是有限的，我們難免都會遭遇失敗，但是在眞正面臨失敗以前，我們絕對不可以倒下，也不可以爲了一點小事而放棄努力。

如果不想被輕易打倒，那麼就要增加自身的重量：一是增加自己肚子裡的墨水，二是增加自己堅毅的決心。

當你有能力又有決心要爭回一口氣時，還有什麼事情能夠令你放棄？還有什麼風能夠把你吹倒？

一個渴望成功的人或許會無可避免地面臨失敗，但是在奮鬥的路途上，無論遇到多少艱難險阻，他都不會允許自己倒下。因爲，他的決心堅定得像座山一樣，那是連狂風也颳不走的。

8.

看重自己，別人才會看重你

不讓他人踐踏自己，懂得尊重自己，同時也維持對自己專才的尊重，如此一來才能贏得他人的敬重。

看重自己，別人才會看重你

不讓他人踐踏自己，懂得尊重自己，同時也維持對自己專才的尊重，如此一來才能贏得他人的敬重。

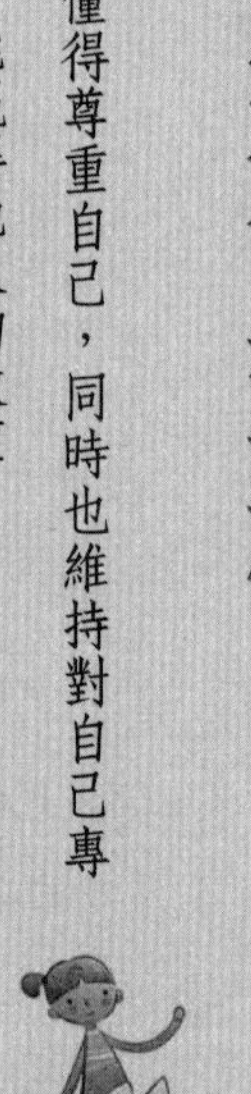

一名憧憬成爲音樂家的挪威青年，花盡身上的每一分錢來到法國，想要報考法國最有名的巴黎音樂學院。

然而，入學考試的競爭非常激烈，這名外地來的年輕人並沒有被選上。挪威青年美夢落空，爲了湊足買機票回家的錢，只好來到音樂學院旁邊的一條繁華的街道上，厚著臉皮當起街頭藝人。年輕人拿著小提琴當街開起演奏會，吸引了無數路人駐足聆聽。

一曲終了，挪威青年捧起自己的琴盒，圍觀的人們紛紛把零錢放入琴盒中。其中，有位先生鄙夷地把銅板扔在青年的腳下。

青年看了看那位先生，並沒有生氣，反而彎下腰拾起地上的錢，遞給那位先生說：「先生，您的錢掉在地上了。」

那位先生接過銅板後，再一次以更鄙夷更不屑的態度把銅板重新扔回青年的腳下，並且傲慢地說：「這個錢是我給你的，你應該收下！」

青年還是沒有生氣，相反地，他非常禮貌的對那名先生鞠了個躬，然後說：「謝謝您的資助，先生。剛才您掉了錢，我彎腰爲您拾起。現在，我的錢掉在地上了，也麻煩您爲我撿起好嗎？」

話才剛說完，周圍的群眾立刻鼓掌表示支持。

在那些群眾當中正巧有一位是巴黎音樂學院的教授，在入學考試中聽過這個挪威青年的演奏，當時並沒有特別欣賞他，但是現在，他卻認爲他比任何人都還有資格當一名音樂家。

因此，他把青年帶回學校裡，破例錄取了他。

這位不卑不亢的青年學成歸國以後，成爲挪威有名的小提琴家，他的成名曲是〈挺起你的胸膛〉。

情緒決定你的格局

古希臘時代著名的哲學家、數學家畢達哥拉斯曾說：「做自己情緒的奴隸，比做暴君的奴僕更為不幸。」

確實如此，當一個人成了情緒的奴隸，就會意氣用事，做出讓自己懊悔不已的事。無論面對多麼不愉快、多麼讓人生氣的事情，都必須理性面對。

令這名挪威青年脫穎而出的，並不是他的好脾氣，也不是他的機智反應，而是他具備了一個音樂家該有的氣節。

「識時務者爲俊傑」的精神大家都知道，「退一步海闊天空」的精神也不能忘記實踐，但是，我們從這名挪威青年身上看到的，卻是一種「不強碰也不退讓」的處世智慧。

他知道，不需要爲了別人犯下的錯誤而生氣。

他也知道，不管在任何情況下，他都必須堅守一個音樂家的原則——只接受別人的資助，不接受別人的施捨。

他不自怨自艾，也不會爲了一時賭氣，忘了自己是誰。

縱使爲貧窮所苦、爲失意所困，仍然要保有自己的人格尊嚴。挪威青年表現出來的，不僅是對自己的尊重，同時也是對音樂的尊重。

做爲一名學有專才的專業人士，我們除了知道自己「應該」做什麼之外，更必須要知道自己「不應該」做些什麼才是。

不讓他人踐踏自己，懂得尊重自己，同時也維持對自己專才的尊重，如此一來才能贏得他人的敬重。

為自己奮鬥，別讓外力左右

賴斯的處世態度中沒有仇恨，她之所以比一般人更努力上進，是真的為自己想做的事情奮鬥。

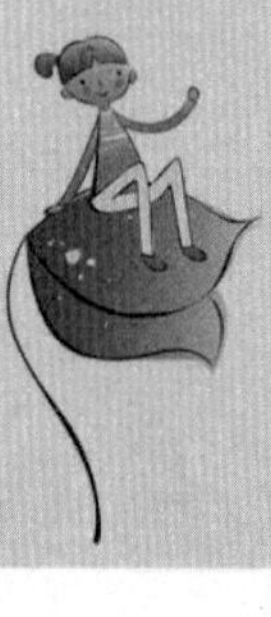

一名黑人母親帶女兒到百貨公司買衣服。

正當女兒準備要試穿衣服時，白人店員擋在試衣間門口，傲慢地對小女孩說：「這間試衣間是白人專用的，黑人如果要試穿的話，就到儲藏室去試。」

但是，這個母親可不吃這一套，只見她冷冷地對店員說：「如果我女兒今天不能進這間試衣間試衣服，那麼我就到別家店去買！」

爲了留住客人，女店員只好讓步，讓黑人小女孩進去那間試衣間，只是，在小女孩試穿衣服的過程中，那名女店員始終守在門口，深怕被其他白人顧客看見。那樣的畫面，令小女孩終生難忘。

類似的事件層出不窮，又有一回，小女孩在一家店裡因爲伸手碰觸了帽子而遭到白人店員斥責。

小女孩的母親可不讓女兒平白無故被罵，她立刻挺身而出，以極其尊貴的語氣對店員說：「請不要這樣對我女兒說話。」接著，她轉頭告訴女兒：「妳喜歡哪一頂帽子，就去摸摸那一頂帽子吧。」

小女孩聽從母親的話，把自己喜歡的帽子都摸了摸，而剛才訓斥她的那名女店員無話可說，只能任由小女孩做她有權利做的事。

面對這些歧視和不公，小女孩的母親經常告誡她說：「妳的膚色和妳的家庭是妳不可分割的一部分，這無法改變，也並不是妳的錯。如果想要改變自己低下的社會地位，就要做得比別人好、比別人好很多，妳才會有機會。」

小女孩把母親的話牢牢記在心裡，她相信教育不但可以讓她獲得知識，還可以幫助她捍衛自尊並且改變別人的眼光。她從母親身上學到了不管發生任何事，都要以不卑不亢的態度去面對。

就是這樣不卑不亢的心態，讓這名出生在阿拉巴馬伯明罕種族隔離區的黑人丫頭，登上《福布斯》雜誌「二〇〇四年全世界最有權勢女人」寶座——她就是美國前國務卿賴斯。

回顧她的成長之路，賴斯說：「我記得我的母親總是告訴我，康蒂，妳的人生目標並不是立志要從『白人專用』的店裡買到漢堡，而是妳要立志爲妳想做的事情奮鬥，那麼妳就有可能做成任何大事。」

情緒決定你的格局

雖然我們生長的地方沒有類似黑人白人那般強烈的種族劃分，但是我們仍然會遭遇到許多不公平的待遇。

很多人在受到歧視以後，會化悲憤爲力量，立志闖出一番名堂，給那些瞧不起自己的人看。

但是，賴斯的母親並沒有這麼教她，她只是告訴她要接受命運，坦然面對自己所遭受到的不公，並且努力去證明自己給自己看。賴斯母親所教導她的，不是「去討厭那些討厭妳的人」，也不是「讓原本討厭妳的人對妳刮目相看」，而是「爲自己爭取機會，表現給自己看」。

也因此，賴斯的心中沒有悲憤、沒有怨懟，她的處世態度中沒有仇恨，她之所以比一般人更努力上進，是眞的爲自己想做的事情奮鬥。

也正因爲她秉持著這種意念，才能讓她眞正不爲他人的看法眼光所苦，而爲自己的志向奮發努力。

用積極的佈局改變壞遭遇

大家都知道「命運掌握在自己手中」。越是拿到爛牌的時候，我們越應該用這句話來激勵自己。

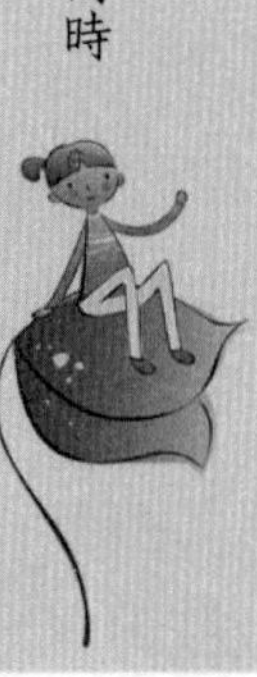

艾森豪是美國第三十四任總統，年輕時經常和家人一起玩紙牌遊戲。

一天晚飯過後，艾森豪像往常一樣和家人一塊兒玩牌。然而，這一天他的運氣似乎特別不好，一連拿了好幾次爛牌。剛開始艾森豪只是不斷地抱怨，但隨著自己手上的籌碼越來越少，便開始發起了少爺脾氣。

一旁的母親看不下去了，忍不住告誡他說：「既然要玩牌，那麼不管你手上的牌是好是壞，你都必須努力把牌打出去才是。玩牌就是這樣，有時候會拿到好牌，有時候會拿到爛牌，你不可能期望好運氣總是讓你碰上！」

只是年輕氣盛的艾森豪根本聽不進母親的話，仍然臭著一張臉。

母親於是又苦口婆心地說：「人生就和玩牌一樣，發牌的是上帝，你沒有選擇的權利。如果你拿到了一手壞牌，那麼你能做的，就是盡量讓浮躁的心情平靜下來，善用手上的每一張牌，盡力爭取最好的效果，這才是玩牌的精神，也才是我們面對人生應該有的態度啊！」

母親的這番話令艾森豪感到很慚愧，他從此一直牢記母親的話，不管遇到什麼樣的情況，都認眞運用自己現有的籌碼，努力做到最好。他就是憑著這樣的精神，慢慢地從一個無名小卒升爲中校，再晉升爲盟軍統帥，最後登上了美國總統的地位。

情緒決定你的格局

大家都知道「命運掌握在自己手中」，然而，光是知道沒有用，要相信才會有力量。越是拿到爛牌的時候，我們越應該用這句話來激勵自己。

相信自己能夠扭轉頹勢，相信自己能夠發揮最大的智慧，相信自己能夠轉危爲安，相信自己可以創造奇蹟。唯有抱持著這樣的信念，才能讓我們鼓起勇氣接受現實，認眞地處理眼前的這一灘爛泥。

從玩牌這個小遊戲中，我們可以學到：無論狀況有多壞，都不能放棄希望；就算明知道輸定了，也要盡量把自己的損失控制到最少，不可一味抱怨、生氣，輕易放棄。如果因爲拿到爛牌就放棄，那麼我們註定一事無成；相反地，只要我們咬緊牙關繼續撐下去，說不定下一次，我們分到的不只是一手好牌，而且還會是難得一見的天牌！

用演主角的態度演好配角

能身居要角固然值得羨慕，若只能屈居配角，也不必灰心。
只要盡力將自己的角色扮演好，一樣可以贏得別人讚賞。

一天傍晚，安妮一臉垂頭喪氣地回到家裡。

她的社團打算在校慶當天表演一齣話劇，齣話劇裡頭只要有四個主角：父親、母親、女兒和兒子。安妮也在話劇裡頭擔任一角，只不過她分配到的角色是這個家裡養的一隻狗。

令安妮的哥哥感到吃驚的是，安妮並沒有因此而放棄演出，相反地，每次排練她總是準時出席，爲了演好一隻狗，她還甚至買了一副護膝，以便在舞台上學狗爬的時候不會磨傷膝蓋。

到了正式演出那一天，安妮的哥哥前去觀賞妹妹的表演。他在節目表上找到了妹妹的名字，「安妮，飾演寵物狗小黃」，排列在演員名單的最下方。

安妮的哥哥忍不住拿起節目表遮住自己的臉，畢竟有個扮演狗的妹妹不是一件光彩的事，誰忍心看見自己的親人跪在舞台上學狗爬呢？

表演正式開始，飾演父親、母親、女兒和兒子一家人的演員和樂融融地圍坐在舞台中央聊天，接著，穿著一套全身黃色的、毛茸茸的道具服的安妮，手腳並用地爬進場。

安妮的哥哥驚訝地發現，安妮飾演的那隻狗並不是單調地爬行，而是一路蹦蹦跳跳、搖頭擺尾地跑進客廳。

她先在地毯上伸個懶腰，滾了一圈，然後才在壁爐前安頓下來，開始表現得昏昏欲睡，許多觀眾都不禁被這隻飾演得維妙維肖的狗給逗笑了。

當劇中的父親講到「家裡可能有老鼠……」這句台詞時，原本睡得正甜的小狗突然從夢中驚醒，機警地四下張望，表情就像一隻真的狗一樣。

沒多久，飾演兒子的演員講到：「你們仔細聽，屋頂好像有聲音……」，這時壁爐前的狗又忽然一躍而起，仰視屋頂，喉嚨裡發出嗚嗚的低吼。

此時，觀眾已經不再注意台上主角的對白，幾百雙眼睛全盯著安妮，想看看她究竟還設計了哪些匠心獨具的小動作。

安妮也沒有令台下的觀眾失望，整場演出下來，她雖然沒有一句對白，卻成了舞台上的靈魂人物，喔不，應該說是靈魂「動物」才對。

爲什麼安妮可以由原本垂頭喪氣的態度變得如此積極投入呢？

原來是因爲當她回家抱怨同學們要她演狗的時候，她爸爸這麼對她說：「如果妳用演主角的態度去扮演一隻狗，那麼一隻狗也能成爲主角！」

安妮用行動印證了爸爸的話。

情緒決定你的格局

紅花有紅花的美豔，綠葉也有綠葉的專業。

在人生的舞台上，我們未必都有機會站到最受矚目最亮眼的位置，但是這並不代表我們不可以有最受矚目最亮眼的表現。

能夠身居要角固然值得羨慕，但若只能屈居配角，也不必灰心。只要盡力將自己的角色扮演好，一樣可以贏得別人的讚賞。

反過來說，如果因爲扮演的角色只是個小配角，而賭氣不演或者演不好，又有什麼資格挑大樑呢？

一個能夠做大事的人，必定也能把小事做好。因爲他知道，在舞台上他可能是配角也可能是主角，但是在自己的人生舞台上，他絕對是唯一的主角！所以他知道，除非他用演主角的態度認眞對待每一件事，否則他的人生便註定會是一場人人鄙夷的爛戲！

盡力，能讓成果不可思議

當你竭盡全力地做事，就能夠做到自己平時做不到的事；當你竭盡全力地生活，便能享受到別人無法擁有的充實人生。

戴爾．泰勒是美國西雅圖一所著名教堂的牧師。

爲了激勵教會裡的孩子養成唸聖經的好習慣，泰勒牧師對他們說，要是誰能背出《馬太福音》中第五章到第七章的全部內容，他就請他們去吃冰淇淋！

冰淇淋對孩子而言具有多大的吸引力哪！只是，聖經《馬太福音》第五章到第七章並不容易背誦，不僅經文長達數萬字，而且字句艱澀不押韻，別說是孩子了，就連要求大人把它通篇背起來也不是一件容易的事。

教會裡所有的孩子，全都嘗試了幾次以後就宣告放棄，只有一個十一歲的學生，有一天胸有成竹地坐在泰勒牧師面前，把經文從頭到尾一字不漏地背誦出來，而且沒出一點差錯。

與其說他在背誦，不如說他是在朗誦，因爲他唸經文的語調抑揚頓挫，聲音流暢自然。

泰勒牧師簡直不敢相信自己的耳朵，就算是虔誠的教徒也很少有人能夠朗誦全文，更何況他只是一個對經文一知半解的孩子。

牧師忍不住好奇地問他：「你是用什麼方式背下這麼長的文字的呢？」

這個孩子不假思索地回答：「我所用的方式，就是竭盡全力。」

牧師聽了，點了點頭，當下論斷這個孩子日後一定大有成就。果不其然，十六年後這個孩子憑著電腦天才成功創業，成爲一家知名軟體公司的老闆，他的名字叫做比爾．蓋茲。

如果某件事情對你來說非常困難，困難到無法用簡單的方法去解決它，那麼你唯一能做的，就是竭盡全力去做！

成敗應該隨緣，但是生活必須盡力，才能爲自己爭氣。不努力而失敗，你很難對自己交代；盡了力卻失敗，你可以把結果看淡。

成功沒有什麼訣竅，無非只是「盡力」而已。盡力是一種態度，也是一種美德。一個人只要盡了自己最大的努力，就算今天不成功，明天也會有所成就；就算在自己身上不成功，在別人身上也會成功。

當你竭盡全力地做事，就能夠做到自己平時做不到的事；當你竭盡全力地生活，便能享受到別人無法擁有的充實人生。

拖延不行動，不可能成功

每個偉大的工程都是由一磚一瓦開始，不要因為自己的力量小而不敢踏出第一步。一旦踏出第一步，便擁有無限契機。

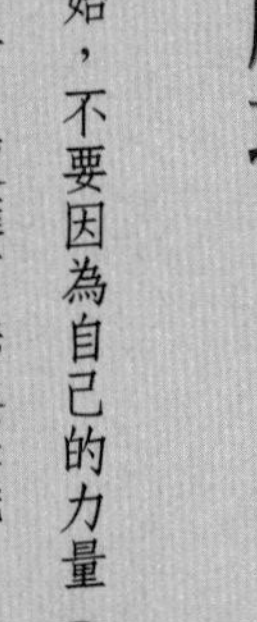

第二次世界大戰結束後，世界上又多了數以百萬計的孤兒。

一個年輕的奧地利大學生非常同情在戰爭中失去父母的孤兒，雖然他的力量有限，但是實在很想爲那些可憐的孩子做些什麼。

他想，此時這些孤兒們最需要的，應該是一個家。如果想要成立一個家，就要先有房子，要有房子就要先有土地。那麼，要怎麼取得免費的土地呢？

奧地利大學生以土法煉鋼的方式，徒步走過一個個村莊，希望能夠找到一塊荒廢的、免費的土地，爲孤兒們建造一個家。

終於，當他走過無數個村落以後，總算有位善心人士願意送他一塊位於奧地利蒂羅爾州某個小鎮上的荒蕪空地。大學生於是又立刻馬不停蹄地去尋找願意捐贈建材的慈善家，以及願意幫忙蓋房子的建築工人。

在他鍥而不捨的努力之下，世界上第一個SOS兒童村於一九四九年在奧地利的一座小鎮成立，數十名孤兒在失去至親以後，總算再一次擁有了「家」。

今天，有四百多個SOS國際兒童村及附屬機構，分布在一百三十多個國家和地區，代替上帝照料那些無家可歸的兒童，曾經受過SOS組織幫助的人超過三十萬人。很少人知道，這個龐大組織的發起人竟是一個手上沒有任何資源，只有一顆熱忱丹心的大學生。

情緒決定你的格局

你是否經常覺得自己胸懷壯志但是缺乏籌碼？你是否有很多很多想做的事，

但是卻礙於現實環境而遲遲沒有去實行？

大多數人都知道實踐一番大事業需要各種條件的配合，卻很少人會實際地動手去尋找這些條件。

我們老是說「等到我有錢以後，我要做某件事」，但是眞正能開創一番大事的人卻往往是「我想做某件事，所以我需要錢、需要資源」。用種種藉口讓理想實行的腳步一延再延，只是等著「失敗」送到我們的面前。

如果一個人眞正想完成一件事，就不會在乎自己究竟有沒有做這件事的能力，相反地，他會想辦法培養自己的能力，好讓事情能夠順利完成。

每個偉大的工程都是由一磚一瓦開始，不要因爲自己的力量小而不敢踏出第一步。拖延著不去做，你什麼都沒有，但是一旦爭氣一些，主動踏出第一步，便擁有無限契機與遠景。

用輕鬆的心理化解棘手的問題

用看待小事的心態處理大事，把苦事當成趣事來聯想，久而久之，便可以輕輕鬆鬆地做到了別人做不到的事。

你經常覺得自己心有餘而力不足嗎？你做事經常做到一半就放棄嗎？你知道是什麼樣的原因導致你半途而廢嗎？

心理學家曾經做過一個實驗，找來三組人，用三種不同方式讓他們分別步行到十公里以外的一座村子。

第一組人不知道目的地在哪裡，也不知道路程有多遠，只是被動地跟著嚮導走。才剛走了兩三公里，就有人在喊累，走了一半時，很多人都瀕臨發怒邊緣，甚至有人坐在路邊不肯繼續走了。整個路途中，不時有人詢問究竟還要走多久；他們走得越久，情緒越低落。

第二組人知道目的地的位置，也知道路程大約有多遠，但是一路上沒有里程碑，只能憑經驗估算行程時間和距離。

差不多走到一半時，就有人露出了疲憊的神態。大多數的人都想知道自己已經走了多遠，還剩下多少路程要走。等到他們走到全程的四分之三時，大夥兒全都叫苦連天，一點兒都不想再走下去。直到有人鼓勵大家說：「快到了！快到了！」大家才勉強打起精神振作起來。

至於第三組人，不但知道村莊的名字、路程，而且沿途中每一公里就有一塊里程碑，告知他們已經走到了哪裡。

這一行人每經過一塊里程碑，就得到一點成就感，一路上的心情都很輕鬆愉快，談笑風生，盡情享受路途中的美麗風景，不知不覺就到達了目的地。

每個人的耐力和體力都有限，太長遠的目標或是連續的疲勞轟炸都會令人感到心力交瘁，完全提不起勁。

因此，面對堆積如山的課業或工作時，我們應該把它切割成一段一段小小的計劃，把每個計劃設定在自己能夠勝任的範圍內，以最沒有壓力的心態去做，這麼一來不僅能夠做得好，同時也可以撐得久。

人之所以會感受到沉重的壓力，往往都是因爲執行的過程中缺少樂趣。因此，越是覺得辛苦的時候，我們越應該努力替自己找樂子。

用看待小事的心態處理大事，把苦事當成趣事來聯想，久而久之，便越來越爭氣，輕輕鬆鬆地做到了別人做不到的事。

別在不擅長的領域勉強自己努力

清楚明白自己「做不好什麼」並沒有什麼不好。正因為早知此路不通，所以我們可以更積極地去開發另外一條新路。

一天下午，小傑放學回到家裡時，意外地發現，他的媽媽居然在哭！打從他有記憶以來，他的媽媽一向堅強無比，這還是他第一次看見她流淚。

「發生什麼事了？」小傑緊張地問。

媽媽用手帕擦了擦眼淚，故作平靜地說：「沒什麼，我只是快要被公司炒魷魚了，我打字的速度實在跟不上其他同事。」

「可是妳不是才去上班三天嗎？跟不上是很正常的啊，放心，只要妳努力練習，一定會成功的！」小傑不知不覺模仿起媽媽的口氣，每次他考試考不好，或是遇到挫折時，他的媽媽總是這麼鼓勵他。

只是，這些話似乎沒有辦法止住媽媽的眼淚，她依舊傷心地說：「可是我沒有時間了，因爲我的關係，和我同部門的人不得不做兩倍的工作，而我卻連自己份內的工作都做不好……」

「那一定是他們對妳的要求太高了！」小傑急著替媽媽出氣，「妳是新人耶，當然不可能像那些資深員工一樣熟悉工作流程！」

「不，不是別人的問題，是我自己的問題。我總是對自己說，只要我肯學肯努力，沒有什麼事情做不到的，大多數時候，事實的確是如此，只是這一次，我想我眞的做不到了……」

媽媽一面說著，一面又流下了眼淚。

小傑不知道該說些什麼，只好靜靜地坐在一旁陪伴著媽媽。

大哭一場之後，母親的心情平復了一些。

她站起身來，對自己和家人大聲宣佈說：「好，我承認，我做不好打字這個工作，我再怎麼努力都沒有辦法成爲一名優秀的打字員，但是總有我可以做得好的工作吧！」

一個星期以後，小傑的媽媽找到了新工作，而且做得很好，現在她是一家保險公司的超級業務員。

情緒決定你的格局

我們都知道做事必須盡力而爲，但是我們也知道有些事情無法強求。

比如說，不管我們多努力，我們都無法唱贏世界三大男高音；不管我們多麼努力，我們跳水的功力也遠遠不如那些奧運金牌選手；不管我們多麼努力，我們就是沒有辦法畫出像畢卡索的畫作一樣出色的作品；不管我們多麼努力，我們還是搞不清楚微積分是什麼東西。

是的，很多事情，不是光靠努力就可以做到，所以我們的人生難免有失敗、有挫折，難免會想要放棄、想要逃避。

但是，換個角度來想，清楚明白自己「做不好什麼」並沒有什麼不好。正因爲早知此路不通，所以我們可以更積極地去開發另外一條新路，在另外一個領域多加努力、多加爭氣。

一味苦惱，只會讓自己越活越懊惱，與其如此，還不如利用這些苦惱的時間動動腦，思考如何解決這些難題。

失敗並不可怕，只要我們勇於面對失敗，停止自怨自艾，便能在失敗的過程中更加認識自己。

當你徹底地認識自己以後，便會把你做得好的事情做得更好，把你做不好的事情交給做得好的人來做。

9. 別讓責備增加誤會

想要避免錯怪別人，最好的方法，就是少責怪別人。不要去想別人有沒有錯，而要先想想自己做得對不對。

能夠回甘的人生才最有味

不管是逆境還是順境，都是人生的一部分。坦然接受它，用心品嚐它，你就會發現，原來有苦味的人生才最甘甜。

一個失意的年輕人來到一座寺廟裡，十分沮喪地對禪師說：「像我這樣的人，活著也是苟且，還有什麼用處呢？」

禪師沒有多說些什麼，只是吩咐旁邊的小和尚：「這位施主遠道而來，燒一壺溫水送過來。」

不一會兒，小和尚送來了一壺溫水。禪師取一把茶葉放進杯子裡，注入溫水，放在年輕人面前說：「施主，請用茶。」

年輕人輕輕啜了一口，皺著眉，搖搖頭說：「這是什麼奇怪的茶？怎麼一點兒茶香也沒有？」

禪師笑著說：「怎麼會沒有茶香呢？這是名茶鐵觀音啊！」

接著，禪師又吩咐小和尚說：「再去燒一壺滾燙的沸水送過來。」

等到沸水送來以後，禪師照樣又拿出一個杯子，從同一個鐵罐裡抓了一把茶葉放進去，然後往杯子裡倒入了滾燙的沸水。

只見那些茶葉在杯子裡上下沉浮，一縷清香裊裊升溢出來，年輕人忍不住把鼻子湊到杯子前面，陶醉在茶葉的香氣之中。

此時，禪師問道：「施主，您可知道這兩杯茶同樣都是鐵觀音，可是爲什麼茶味卻如此迥異嗎？」

年輕人思忖著說：「因爲一杯用溫水沖，另外一杯用沸水沏。」

禪師點點頭，意有所指地說：「用水不同，茶葉的沉浮就不同。用溫水沏的茶，茶葉會輕輕地浮在水上，沒有沉浮又怎麼能散逸它的清香？用沸水沖沏的茶，茶葉在熱水中激盪著，這樣才能夠釋出它的香味啊！」

年輕人把這番道理銘記於心，之後，他勇敢面對人生的挫折，突破種種障礙，終於成爲一家公司的大老闆。

情緒決定你的格局

人生不會永遠得意，必定是有起有落。

不管是高興還是悲傷、逆境還是順境，把它當成人生的一部分吧！坦然接受它，用心品嚐它，你就會發現，原來有苦味的人生才最甘甜。

越是不順遂的時候，越應該積極樂觀地去面對。不要只是傻傻地坐在那兒等待時來運轉，要把握當下，積極開創，才能夠戰勝低潮。

失意時，燒一壺熱水，沏一杯茶，告訴自己，你就和杯子中的茶葉一樣，雖然痛苦會在瞬間發酵，但是幸福也正在慢慢地醞釀，只要嚐過微苦的茶澀，就能迎接美味的濃醇回甘。

別被別人的目光打垮希望

別人的眼光不能殺死人，但是卻足以抹煞掉自己的信心與勇氣，因此，不應該經由別人的眼光來評價自己。

有個男孩生性怯懦，同伴們經常嘲笑他是膽小鬼。男孩對此感到很傷心，但是用盡了方法，都沒有辦法讓自己成爲一個大膽的人。

這種情況一直持續到他去當兵。

他原以爲嚴苛的軍旅生活會改變自己怯懦的個性，沒想到江山易改，本性難移，沒過多久，男孩再度淪爲大家戲謔嘲諷的對象，同袍們都當著他的面嘲笑他「娘娘腔」，令男孩感到欲哭無淚。

一天，教官要求新兵們進行投擲訓練。講解的過程中，教官突然把一枚手榴彈朝著新兵擲去，使得新兵們個個大驚失色，連滾帶爬地四處逃竄。

教官這才鐵青著臉，教訓他們說：「看清楚，這只是一枚不會爆炸的教練彈！我這樣做只是想要測驗你們遇到突發事件時，是否能保持鎮定和勇敢，這對一名軍人來說這是最重要的！」

那個膽小的男孩因為被派去做別的任務，所以僥倖逃過一劫。然而，當他第二天出現在操場上時，卻成了唯一不知道真相的人。

不久之後，教官故技重施，將手榴彈再次對著新兵們擲去。眾人都掩嘴竊笑，期待著好戲上場。

和前一天的他們一樣，男孩以為這枚手榴彈會在瞬間爆炸。可是不同的是，這個男孩並沒有四處逃竄，相反地，他奮不顧身地撲了上去，把手榴彈壓在身下，並且急切地吼道：「快，大家快閃開！」

所有人看了，都驚訝得做不出任何反應，誰也沒有想到，男孩竟然企圖犧牲自己保護大家。

待男孩知道眞相之後，緩緩地從地上爬起來，害羞地低著頭，等待同伴們再一次奚落。只是，出乎他的意料之外，迎接他的不是嘲弄的噓聲，而是大家無比崇敬的熱烈掌聲。

情緒決定你的格局

古羅馬思想家塞涅卡曾經寫道：「不是因為某些事情難以做到，我們才失去信心，而是因為我們缺乏信心，才會使某些事情難以做到。」

雖然我們無法阻止別人輕視自己，但是可以提醒自己，千萬不要跟著別人一起小看自己。

別人認爲你是哪一種人，並不是那麼要緊，重要的是你認爲自己是哪一種人，是否擁有高貴的心靈品質，是否有面對別人眼光的勇氣。

一個人最大的悲哀就是活在別人的目光之中而失去自我。

如果你覺得膽怯，或許是因爲你以爲別人都在盯著你看。只要不去在意別人的眼光，不管在別人眼中的你會是什麼樣子，自然而然就可以表現出最眞誠勇敢的那一面。

因爲忘我，所以勇敢。

別人的眼光不能殺死人，但是卻足以抹煞掉自己的信心與勇氣，因此，我們不應該經由別人的眼光來評價自己。

如果那是你眞心想要做的事，就不要害怕可能會面臨被人嘲笑、侮辱的後果，勇敢地去嘗試吧！

別人嘲弄你是他自己沒有修養，但若是因爲害怕被人嘲笑而先行放棄，不敢再抱希望，就是你自己沒有面對的勇氣。

改變心態，化解敵對狀態

要和自己不喜歡的人相處是很痛苦的一件事，那麼，只要我們把討厭的人變成喜歡的人，不就沒有那麼痛苦了嗎？

一個移居國外的朋友告訴我這個故事。

剛搬到美國的時候，他感到很不習慣，因爲他住的社區除了他們這家是華人之外，放眼望去都是白種人。每次走出家門時，他總是隱約感覺到鄰居鄙夷的目光，或許正是因爲這樣，他也對他的鄰居沒有什麼好感。就連他們一同在後院除草時，也不願意和對方打聲招呼。

有一年夏天，隔壁的鄰居全家出去度假。

剛開始的時候，他還沒有察覺到隔壁人家的主人不在家，但是某天傍晚，他把自己後院的草除完以後，發現隔壁人家院子裡的草已經長得很高了，尤其和自己家剛除完草的院子相比之下更為明顯。凡是路過這裡的人都會知道，這戶人家沒有人在家，不是擺明了歡迎小偷來訪嗎？

雖然他實在不喜歡他的鄰居，但是他也不希望看見他的鄰居遭受不幸，因此主動為他們除草，另一方面還自嘲地說：「我一定是瘋了！不然我幹嘛要浪費體力去替我討厭的人除草呢？」

他的鄰居度假回來時，看見自己家後院的草整齊得跟隔壁人家一樣，並沒有流露出太多驚訝的表情。

一直到一個多禮拜以後，鄰居才來敲他的門，一臉奇怪地說：「詹姆斯，是你幫我除草的嗎？」

在那之前，他的鄰居從來沒有這麼親切直接地叫過他的名字。

他的鄰居繼續說：「我問過社區裡所有的人，他們都說他們沒碰過我的院子，包柏先生說是你做的，這是真的嗎？你真的替我把雜草除掉了嗎？」鄰居越講越激動，他的語氣活像是在興師問罪。

他也越聽越生氣，忍不住以挑釁的語氣回應對方：「是的，是我做的！怎麼了？不可以嗎？」

他的鄰居沉默了片刻，嘴裡嘟噥地發出近似「這怎麼可能」的聲音。最後，他很有禮貌地說了聲「謝謝」，便轉身離去了。

這次事件大大地改善了他們兩家人的關係，雖然他們的關係還沒有進展到一起去喝一杯的階段，不過，每當他們見到面之時，總不忘給對方一個親切的微笑。現在，他雖然仍舊認爲東方人很難眞正地融入白人社會，但倒也不是那麼格格不入。

情緒決定你的格局

社會是由形形色色人組成的，無論走到哪裡，難免都會遇到一些和自己「磁場」不合的人，要和自己不喜歡的人相處是很痛苦的一件事，那麼，只要我們把討厭的人變成喜歡的人，不就沒有那麼痛苦了嗎？

我們無法改變別人，只能改變自己。我們沒有辦法把令人討厭的人變得可愛一點，只好把心胸狹窄的自己變得寬宏大量一點，如此一來生活周遭便不會充斥著絕望，相反地，總是能讓人感覺到生命的希望。

別人的缺點，是他自己的責任。我們應該做的，只是盡好自己的責任，盡量和善體貼地對待每一個人，不管他是你喜歡的人，或是不喜歡的人。

也許你這麼做對方不一定會領情，但至少你做了自己認爲應該做的事。即使你是拿自己的熱臉去貼人家的冷屁股，也應該慶幸自己不是用冷屁股去回應人家熱臉的那一個！

別讓責備增加誤會

想要避免錯怪別人，最好的方法，就是少責怪別人。不要去想別人有沒有錯，而要先想想自己做得對不對。

傑克從小就有口吃的毛病，但是他本人倒不特別在意這個缺陷，因爲他聽說英國牛津大學的校長也同樣是個口吃患者，而且他一點也不覺得這個缺點會爲他的生活造成什麼樣的不便。

有一天，傑克到歐洲搭乘火車旅行，用英文向鄰座的旅客詢問：「你好，請……請問……問……你知……知道……這趟火車……幾……幾……幾……幾點會到終……終點嗎？」

隔壁的旅客沒有回答他的問題。

於是他再度用英文問了一次，那個旅客依舊一句話也沒有說。

「這個人未免太沒有禮貌了吧！」傑克心想，「就算他聽不懂英文，起碼也應該稍微應我一聲吧！」

坐在傑克對面的中年男子看到這種情況也看不過去了，於是見義勇爲，挺身而出回答了傑克的問題，並且指責他身邊的旅客說：「沒聽見人家正在和你說話嗎？你這個人眞是沒禮貌！」

那個旅客依然很沉得住氣，只是一個勁兒微笑著，不生氣也不辯解。傑克索性轉過頭去對著窗外，眼不見爲淨。

幾站以後，那個旅客下車離去了。

傑克一直坐到終點站時，才發現在旁邊的座位上留有一張紙條，上頭用英文寫著：「抱歉，因爲我也是一名口吃患者，所以我剛才不願意和你說話，因爲我不想讓你誤解我是在嘲笑你。」

看完紙條以後，傑克當下自責不已，然而，他卻連向對方說一聲「抱歉」的機會也失去了。

情緒決定你的格局

作家千江月在《別用情緒處理問題》一書中提醒我們克制浮躁的情緒，用理智面對事情。

她這麼說：「不管遭遇什麼事情，都必須先處理自己的心情，再處理事情，千萬別讓心情影響自己所做的任何判斷或決定。」

想要避免錯怪別人，最好的方法，就是少責怪別人。

只要我們不輕易生氣、不隨便動怒，在搞清楚眞相以前不驟下結論，就可以避免產生許多不必要的誤會。

我們之所以會錯怪別人，多半是因爲被自己的情緒牽著走。

當一個人受到不合理的對待時，想要反擊是很正常的，但是在反擊之前，應該先檢討自己。

不要只是主觀地想著「對方為什麼『要』這麼對我」，而要放開胸懷想想「對方為什麼『會』這麼對我」。多替對方想點苦衷、找點藉口，就能讓自己多些釋懷、多些諒解。

在事情還沒弄清楚之前，便責怪對方，不只會對他人造成傷害，同時也會為自己帶來極大的心理負擔。

因此，我們應該養成「不隨便指責別人」的好習慣，少點指責，就能夠少點誤會。不要去想別人有沒有錯，而要先想想自己做得對不對。

用耐心了解天使的心

很多父母親都會認為，「做錯了事還有什麼理由！」事實上，每一個行為背後，都一定有它的理由。

一個單親爸爸自從他的妻子過世以後，獨自撫養七歲的兒子。

爲了彌補孩子失去母親的遺憾，他父兼母職努力扮演好父親的角色，但是難免還是會有力不從心的時候。

有一次，他到外地出差，一大清早就離開了家門，留下兒子自己起床，然後再自己走路去上學。

一路上，他時時擔心著孩子有沒有按時吃飯，放學以後一個人在家會不會害怕。他的孩子非常懂事，甚至還會在電話裡安慰爸爸，要他不要擔心。

當天他辦完事回到家時，已經是半夜一點多了。

孩子在自己的床上睡得很沉，這才讓他稍微有一點安心的感覺。

只是，就在他洗好澡倒在床上時，突然感覺到棉被下面有一些濕濕軟軟的東西流了出來。翻開被子一看，竟然有一碗打翻了的泡麵藏在棉被裡！

他用屁股想也知道這是誰幹的好事。於是立刻把熟睡的兒子叫醒，劈頭就是一陣狠打！

這是他在妻子過世之後，第一次這麼處罰孩子。

他一心想著兒子實在太調皮了，居然這樣子惡作劇！他知不知道床單和棉被有多難洗？知不知道他在外面賺錢有多辛苦？知不知道不單單只有兒子失去了母親，他也同樣失去了心愛的妻子啊！

直到他打完孩子，情緒稍微平復了一點以後，他的兒子才抽抽噎噎咽咽地說：「爸爸，我沒有調皮……那碗泡麵，是我幫你準備的晚餐……」

聽到孩子這麼說，他當下心裡糾結成一團。這孩子擔心他在外面工作沒有吃晚餐，特地替他準備了泡麵。見他這麼晚還不回家，怕泡麵會冷掉，所以把它放進棉被裡頭保溫……

啊，他這時才發現，妻子留給他的不僅是兒子，更是一個專門陪伴在他身邊的守護天使。

情緒決定你的格局

俄國文豪托爾斯泰曾經說過：「憤怒或許對別人有害，但是，憤怒時受傷最深的其實是你自己。」

許多讓自己懊悔不已的舉動，都是充滿怒氣時做出的。

無論遭遇什麼狀況，都要提醒自己保持理性，調整看待事物的角度，不要受心情影響，否則就容易像故事中的父親，傷害了自己的孩子。

當孩子犯錯時，你都是怎麼處理的？

是像故事中的父親一樣，劈頭就一陣打罵，希望孩子從此學乖，還是願意按捺住自己的脾氣，聽聽孩子的解釋。

很多父母親都會認爲，「做錯了事還有什麼理由！」事實上，每一個行爲背後，都一定有它的理由。

或許孩子不知道自己這麼做會引來多嚴重的後果，或許孩子根本不知道自己做的是一件「錯」事，或許孩子只是藉此在抒發他內心的不滿，或許孩子只是不小心的……

了解孩子犯錯的原因，是阻止孩子再犯最好的方式。

天底下沒有天生就喜歡調皮搗蛋的小惡魔，有的只是不被了解的小天使，唯有用更多的耐心才能了解天使的心。

試著品味事物的內涵

面對問題時，試著品味事物的內涵，雖然事情的結果令你很難接受，但或許其間充滿了愛與關懷。

有個父親存了很久的錢，總算把夢寐以求的愛車買回家。他非常寶貝這輛車，只要一有空，就會替車子清洗打蠟。

他五歲的兒子看在眼裡，很想要幫父親的忙。於是主動提議要幫爸爸洗車，爸爸也爲兒子的體貼感到非常窩心，就放手讓他洗。

小兒子一個人在院子裡洗車，卻到處找不到抹布。

他走進廚房，看見媽媽平常洗鍋子用的鋼刷，心想鋼刷的清潔效力一定比抹布強得多，所以便拿起鋼刷，用力地刷起車子來。像洗鍋子一樣，白色的泡沫一下子就覆蓋了車子的表面。兒子越刷越起勁，白色泡泡也越刷越多。直到他用水把泡沫沖掉時，才發現車子的表面全都被他刷花了！

這下子該怎麼辦才好？兒子急得嚎啕大哭，一邊哭一邊跑去向爸爸認錯。爸爸疑惑地跟著兒子走到愛車旁邊一看，也著急得快要哭了。

因爲他實在太生氣了，一句話也沒有多說，只是快步地走回他的房間，砰的一聲把房門關起來。

在房間裡，他一個人握緊拳頭，拼命地敲打牆壁宣洩情緒。

等到他的情緒稍微平復一點以後，開始問自己：「我應該要怎麼做？這是我新買的車，才不到一個月就被我的孩子搞成這樣，我該怎麼處罰他呢？是要罰跪兩個小時，還是吊起來打？」

然而此時，他聽到自己的內心深處傳來另一個聲音：「不要光看表面，而要去看內心！」這句話一下子瓦解他所有的怒氣與怨恨。

過了半晌，他走出房門，把正在哭泣的兒子摟進懷裡，告訴他說：「謝謝你幫爸爸洗車，爸爸愛你，勝過這部車子。」

情緒決定你的格局

想想看，面對類似的問題時，你是習慣去看事情的表面，還是會試著品味事物的內涵呢？

雖然事情的結果令你很難接受，但或許其間充滿了愛與關懷，足以讓這件壞事變成一件別具意義的好事。

當你開著這輛被兒子刮花的新車上路時，滿腦子想的不會是「我的車好醜」，而是「我的兒子眞貼心」。你不會在意路人怎麼看你的這部車，因爲你的心裡是滿滿的溫馨。

下一次，遇到「幫倒忙」的親人朋友時，記得要給予他們多一些體諒。造成你的困擾，對方一定已經很自責了，怎麼還忍心苛責呢？

有自信就有希望前進

沒自信就要幫自己找到自信。覺得自己比不上別人，就應該要更努力讓自己跟上別人的腳步，而不是消極地沉淪自憐。

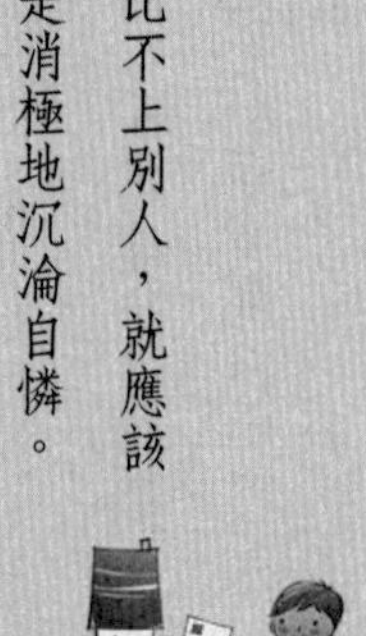

十年前，他從一個偏僻的小鎮考進了大城市裡的第一流大學。開學的第一天，隔壁的女同學劈頭就問他：「你從哪裡來？」他掙扎了很久，始終沒有辦法鼓起勇氣坦然面對這個問題。

他不知道該不該讓同學們知道自己來自於一個名不見經傳的鄉下小鎮，他可不想被人貼上「鄉巴佬」的標籤！

正因爲如此，整整一個學期，他都沒有在班上交到半個朋友。他的內心充滿了自卑情結，下意識與人保持距離。

無獨有偶，十年前的她，也在另外一座城市的另外一所大學讀書。

當時她青春洋溢，但臉上長滿了痘痘，樣子也不好看，體重又超乎標準，讓她感到非常自卑。

大學四年的時間裡，她沒有穿過一次短裙，因爲她覺得她的腿又粗又短，同學一定會在背地裡暗暗嘲笑她。

她也不喜歡交朋友，因爲和長得漂亮的女生做朋友，人家會把她當成「對照組」；和長得不漂亮的女生當朋友，別人又會說她們物以類聚，把她們全都歸爲「恐龍一族」。

爲此，她的青春歲月總是在自憐形傷中度過。

一直到十年後的某一天，她成了廣播節目的知名主持人，而他在企業界闖出了一番名堂，經常以優雅從容的儀態在雜誌中亮相。

在一次節目訪談的安排之下，他們兩個相遇了，進而熟識相戀。

某次約會他們聊到彼此的青春歲月，她笑著對他說：「還好當時我們不是同學，要不然我們可能永遠都不會和對方說話。你會覺得，人家是城裡的千金小姐，怎麼會看得起我？我也會認爲，人家長得這麼帥，根本不會理我。你想想看，如果眞的是這樣，那麼我們不就是很可笑的一對了嗎？」

情緒決定你的格局

心理學家阿德勒說：「自卑的人通常會拿自己的缺點和別人的優點相比，總是覺得自己處處不如別人，長此以往，就會產生悲觀厭世的情緒。因為找不到自己的價值所在，所以容易對生活失去希望。」

總是懷疑自己、貶低自己，不啻於和負面情緒聯合起來壓制自己，怎麼可能活出燦爛的未來？

我們不應該爲自己的缺點感到自卑，因爲每個人都有各自的缺點。

對於自己的缺點，我們當然應該要在意。唯有在意自己的缺點，才會想辦法改進自己的缺點。

然而，不管自己身上有什麼天大的缺點，都不足以構成自卑的理由。

一個人長成什麼樣子、生在什麼地方，都不是自己可以選擇的，這並非任何人的錯，不需要因此感到丟臉，更不需要費心遮掩。

若是眞的覺得自己比不上別人，那就應該要更努力讓自己跟上別人的腳步，而不是消極地沉淪自憐，將自己丟進絕望的空間裡。

信心是我們內在的強大能量，當我們感到失望或自卑的時候，賜給我們選擇希望、拒絕絕望的勇氣和力量。

只要選擇希望，無論置身什麼處境，都會在絕望中看見曙光。

沒自信就要幫自己找到自信。自信是由內而外散發出來的，只要願意不斷努力地充實自己，一定可以找到屬於自己的自信泉源，然後勇敢放開腳步，朝向希望前進。

你想上天堂，還是下地獄？

《聖經》有云：「一粒麥子不埋在土裡，仍舊只是一粒；若是埋在土裡，雖然犧牲了，卻可結出許許多多的麥穗來。」

大雄有一天晚上做了一個非常奇怪的夢，夢裡盡是一片白霧茫茫，伸手不見五指。正當他徬徨無助之際，霧中忽然出現了一位女人，長得貌美如花，引領他向前走。

不知道走了多久，大雄隨著女人來到了一間屋子前，推門而入，只見屋裡擺了一張長長的桌子，桌上盡是一些令人垂涎三尺的山珍海味，香味撲鼻而來，讓人忍不住食指大動。

然而，坐在桌旁的人卻都滿面愁容，沒有一點喜悅。

大雄仔細一看，原來這些人的手臂都是僵直的，無法彎曲，即使用筷子挾住了眼前的美味佳餚，也沒辦法送到自己的嘴裡，只能望著山珍海味乾瞪眼，根本是一場折磨。

大雄感到驚訝不已，便問身邊引路的美人：「這裡是哪裡？」

美人嘆了口氣回答：「這裡是地獄，在這裡的人都罪有應得，因此只能面對滿桌的食物挨餓。」

接著，女人又帶著大雄來到另外一間屋子。

大雄遠遠就已經聽見這間屋子傳出來的笑聲，走近一看，這間屋子和剛才那間屋子的擺設完全一模一樣，不同的是，這間屋子裡每個人的嘴裡都咀嚼著食物，吃得津津有味，整間屋子洋溢著歡樂的氣氛，與另一間屋子有著天壤之別。

大雄發現這些人的手臂也都是僵直的，不過他們挾到食物後，並不是往自己嘴巴送，而是送到對面人的口中。這樣你餵我、我餵你，大家互相幫助，當然吃得興高采烈。

大雄不自覺地被這幅和樂景象給迷住了，不禁恍然大悟地說：「原來這就是天堂啊！」

等他回過神來，身邊的美女早已不知所蹤，只剩下大雄獨自一個人，和他一步步慢慢變得僵硬的手臂。

情緒決定你的格局

美國著名的發明家兼企業家伊萊．惠特尼曾說：「一個人的世界大小，由他的視野是否寬廣來決定。」

人生會發展出什麼際遇，其實完全在於自己從什麼角度去觀看眼前遭遇的問題。用不同的角度審視，往往會得到不一樣的結果。

一個人會過怎樣的日子，關鍵並不是外在環境，而是內在心境。

你看待事物的角度，將決定你活得幸福或者痛苦。

天堂和地獄確實只有一線之隔，關鍵在於你用什麼心情看事情。互助合作可

以使地獄變成天堂，自私自利卻只能讓天堂成爲地獄，即使眼前有著無窮無盡的寶藏，自己也沒有力氣挖掘。

《聖經》有云：「一粒麥子不埋在土裡，仍舊只是一粒；若是埋在土裡，雖然犧牲了，卻可結出許許多多的麥穗來。」

這就是生命的最高境界，如果你願意放下偏私，願意爲他人犧牲奉獻，那麼，付出也就等於收穫。

腦子裡不要老是裝滿自己，如果想要有更好的明天，那麼請把握今天，貢獻自己的力量，爲別人做一點事吧！

天堂或地獄，冥冥之中自有安排，要怎麼收穫，就先那麼栽。你想上天堂，還是下地獄呢？

10.

嚥下怨氣，才能爭氣

不中聽的話是一把銳利的劍，可以刺穿你的心臟，
但是你也可以伸手握住它，使它成為你的利器。

嚥下怨氣，才能爭氣

不中聽的話是一把銳利的劍，可以刺穿你的心臟，但是你也可以伸手握住它，使它成為你的利器。

阿光今年剛從大學畢業，他學的是英文，自認爲無論聽、說、讀、寫，對他來說都只是雕蟲小技。

由於他對自己的英文能力相當自豪，因此寄了很多英文履歷到一些外商公司去應徵，認爲英文人才是就業市場中的績優股，肯定人人搶著要。

然而，一個禮拜接著一個禮拜過去了，阿光投遞出去的應徵信函卻了無回音，猶如石沉大海一般。

阿光的心情開始忐忑不安，此時，他收到了其中一家公司的來信，信裡刻薄地提到：「我們公司並不缺人，就算職位有缺，也不會僱用你，雖然你認爲自己的英文程度不錯，但是從你寫的履歷看來，你的英文寫作能力很差，大概只有國中生的程度，連一些常用的文法也錯誤百出。」

阿光看了這封信後，氣得火冒三丈，好歹也是個大學畢業生，怎麼可以任人將自己批評得一文不値？阿光越想越氣，於是提起筆來，打算寫一封回信，把對方痛罵一番，消除自己的怨氣。

然而，當阿光下筆之際，卻忽然想到，別人不可能無緣無故寫信批評他，也許自己眞的太自以爲是，犯了一些錯誤是自己沒有察覺的。

因此，阿光的怒氣漸漸平息，自我反省了一番，並且寫了一張謝卡給這家公司，謝謝他們舉出了自己的不足之處，用字遣詞誠懇眞摯，把自己的感激之情表露無遺。

幾天後，阿光再次收到這家公司寄來的信函，他被這家公司錄取了！

證嚴法師曾說：「一般人常說，要爭一口氣，其實，真正有功夫的人，是把這口氣嚥下去。」

人往往只看得見別人的過錯，看不見自己的缺失，面對別人的指責，也常不加自省，反倒以惡言相向來掩飾自己的心虛。

不中聽的話是一把銳利的劍，可以刺穿你的心臟，但是你也可以伸手握住它，使它成爲你的利器。

言者無意，聽者有心，一切在於你如何用心來面對人生的挫折，你可以反駁別人的批評，斥責別人的無知，但這樣並不會使你在別人心目中的地位提高，反而得不償失。

只有痛定思痛、反求諸己的人，才可以化干戈爲玉帛，知過能改勝過學富五車，千金也難買。

別讓「資產」成為你的「包袱」

高傲孤僻其實一點幫助也沒有，要想出類拔萃，就必須先放下身段，只有放下架子和包袱，才能成為更優秀的人物。

羅納爾出生於德國的一個電器世家，他的父親是德國首屈一指的電器商，然而羅納爾大學畢業後並沒有直接繼承家業，反而選擇到一個名不見經傳的小工廠上班。

他的父親認為這是一種最好的磨練，諄諄告誡自己的兒子：「去別人的地方工作，千萬別擺什麼架子，要忘記你的父親是誰，一切從頭開始，自己去爭取別人的幫助。」

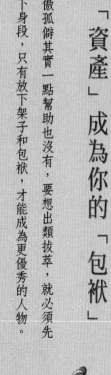

虎父無犬子，羅納爾平易近人並且吃苦耐勞，自願從最底層的工作做起，即使這些粗重的工作常使羅納爾做得筋疲力盡，甚至受傷流血，他也沒有半句怨言。遇到困難時，羅納爾會不恥下問，虛心地向其他工人討教，就連看門的管理員、廁所的清潔工都成了他閒聊的好夥伴。

日子久了，工人們漸漸忘掉了羅納爾的身分背景，不再心存成見，把他當成了推心置腹的好同事，每個人都願意把自己所知傾囊相授，使羅納爾受益匪淺，很快地就對電器業的經營瞭若指掌了。

有了這麼好的經驗作基礎，羅納爾的父親總算可以放心地把公司的經營權移交到他手上。

接棒後，羅納爾不忘父親的教誨，待員工如朋友，積極爭取別人的幫助，完全沒有一點架子。這樣的態度果然獲得了員工的全力支持，後來羅納爾不只將公司的基業更加發揚光大，自己也沒有辜負父親的期望，成為德國電器業中，舉足輕重的一號人物。

人是社會的動物，團體的力量無窮，如果想要取得成功，那麼就得先取得衆人的支持，衆志成城絕對好過單打獨鬥。

美國劇作家海曼曾說：「有一天，當你發現自己的境遇都是自己一手造成的，而非源於意外、時間或命運，那是多麼悲哀的事啊！」

不得人心的人，他們之所以得不到人心、抱怨別人不懂欣賞他，其實也都是自己一手造成的。

高傲孤僻其實一點幫助也沒有，要想出類拔萃，就必須先放下身段，只有放下架子和包袱，才能成爲更優秀的人物。

分享，是人際關係的潤滑劑

若能敞開心胸，珍惜與人相處的每一刻，你就會明白，天底下最美味的佳餚不一定是山珍海味，而是人情的滋味。

在一個小村莊裡，由於過去曾發生過幾件不愉快的事，導致村民之間相處得很不融洽，家家戶戶自掃門前雪，別說互相幫助了，往往見了面連聲招呼也不打，而且還時常爲一些芝麻綠豆大的小事爭得面紅耳赤，鬧得整個村落雞犬不寧。

村長很想改善目前的窘境，不希望這股相敬如「冰」的風氣繼續蔓延下去，於是找來了一個外地人幫忙。

這個外地人自稱是技藝精湛的魔術師，昭告鄉里說：「我有一顆神奇的魔法

石，只要用這顆石頭炒出來的菜，就會是天底下最美味的一道菜，口說無憑，我可以當場試驗給你們看！」

村裡的人聽說了這件神奇的事，開始議論紛紛，有人搬來了家裡的大鍋子，有人搬來了家裡的大爐子，有人自願提供木材，也有人自動自發地生火，全村的人圍著村子中央的空地，靜心等待魔術師的精采表演。

魔術師煞有其事地在鍋裡放了油，把青菜放入鍋中，和魔法石一同翻炒了一下，然後帶著遺憾的神情對大家說：「這麼一點點哪裡夠這麼多人吃？如果可以再多炒一點菜，那麼大家就都可以吃得到了。」

於是，有人飛快地從家裡拿了青菜出來。魔術師把青菜放入鍋中翻炒，試吃了一口，然後興奮地說：「眞是太美味了！如果可以再加一點鹽，或是一點肉絲，那就更好吃了。」

大夥兒聽了口水直流，鹽、肉和其他的調味料也很快地送到了魔術師的手上。沒多久工夫，魔術師的鍋子裡已經裝滿了佳餚。

這盤菜才剛端上桌，就已經被大家你一口、我一口，吃得盤底朝天，村民們發現，這果眞是天底下最好吃的一道菜！

情緒決定你的格局

聰明的你，一定已經看穿了魔術師的秘密。

其實，眞正發揮作用的，不是這顆魔法石，而是村民不計前嫌，願意互相幫助的態度。你出一點鹽，我出一點肉，大家共同付出之下，炒出來的菜當然是天底下最美味的。

無可諱言的，每個人都佔人便宜的傾向，也都有自私自利的一面，正因爲如此，人與人之間才會產生隔閡與嫌隙。

其實，只要試著轉換心情，就會發現很多事情其實沒什麼好計較，多付出一點也沒什麼大不了，反而能讓自己活得更快活。

一味斤斤計較，只會爲生活帶來更多苦惱。

美國作家埃．哈伯德在《世俗庸人》一書中寫道：「聰明的人都明白這樣一個真理：幫助自己的最好方法，就是先去幫助別人。」

人與人之間應該彼此相互敬重、相互幫助；唯有肯救助別人危困的人，在面臨危困時才能獲得別人救助。

浮生若夢，世事無常，這一刻你我圍爐同歡，也許到了下一刻，彼此就要各分東西。計較多，並不意味著你就能得到更多，相反的，若能敞開心胸，珍惜與人相處的每一刻，你就會明白，天底下最美味的佳餚不一定是山珍海味，而是人情的滋味。

失敗只是可惜，逃避才是可恥的

真正的英雄其實不在於他的功績有多麼浩大，而在於他有沒有面對失敗的勇氣，失敗只是可惜，並不可恥。

一九四四年，艾森豪指揮的英美聯軍正準備橫渡英吉利海峽，在法國諾曼第登陸，展開對德戰爭的另一個階段。

這次的登陸事關重大，對戰局有決定性影響，英國和美國合作無間，爲這場戰役投入了巨大的人力物力。然而人算不如天算，就在一切準備就緒、蓄勢待發的時候，英吉利海峽卻突然風雲變色、巨浪翻天，數千艘船艦只好退回海灣，等待海上恢復平靜。

這麼一等，足足等了四天，天空像是被閃電劈開了一道裂縫，傾盆大雨連綿不絕，數十萬名軍人被困在岸上，進退兩難，每日所消耗的經費、物資，實在不容小覷。

正當艾森豪總司令苦思對策時，氣象專家送來最新的報告，資料中顯示天氣即將出現好轉，狂風暴雨將在三個小時之後停止。

艾森豪明白這是千載難逢的好機會，可以攻敵人於不備，只是這當中也暗藏危機，萬一氣候不若預期中這麼快好轉，很可能就全軍覆沒了。

艾森豪經過慎重的考慮之後，在日誌中寫下：「我決定在此時此地發動進攻，是根據所得到最好的情報做出的決定……如果事後有人譴責這次的行動或追究責任，那麼，一切責任應該由我一個人承擔。」然後，他斬釘截鐵地向陸、海、空三軍下達了橫渡英吉利海峽的命令。

艾森豪受到幸運之神的眷顧，傾盆大雨果然如同預測，在三個小時後停止，海上恢復一片風平浪靜，英美聯軍終於順利地登上諾曼第，掌握了這場戰爭得勝的關鍵。

艾森豪最大的成就，不只在於他英明果斷的決策，還在於肯爲自己的決定負完全的責任，這是在上位者十分難得的表現。

多少政治人物平時勤於爲自己歌功頌德，大難臨頭卻各自分「推」，就算證據擺在眼前，臨死也要拖一個人來墊背，敢做不敢當，怎麼能爲人民喉舌？作爲人民的表率？

眞正的英雄其實不在於他的功績有多麼的浩大，而在於他有沒有面對失敗的勇氣。失敗只是可惜，並不可恥，況且失敗只是一時，伴隨而來的責任卻是一世的，只有當你勇於承擔、面對時，責任才有終了的一天。

看見魔鬼在招手了嗎？

人生是一場賽跑，不到終點，誰也不知道結果。好的開始也許是成功的一半，但是請記住，贏在終點的人，才是真正的贏家。

美國汽車大王亨利·福特從小就對車子有一股莫名的熱愛，早在人們還把車子當成一種奢侈品，認爲是有錢有閒後才能享受的「玩物」時，福特就已經洞燭先機，比別人早一步發現車子的便利性，並覺得車子成爲日常生活的必需品是時勢所趨。

因此，他全力以赴，率先製造兩款新型的賽車，並且以流線的外型擊敗了所有的對手，贏得高額獎金，隨後一手創辦了「福特汽車公司」。

福特積極地開發市場，生產最耐用的小汽車，以低廉的售價吸引了許多小家庭與年輕族群。他打破傳統，致力於增強車子的實用性，而且不講求排場，所以一舉在市場上闖出響亮的名號。

福特並不以此爲滿足，乘勝追擊，不斷地研發、改進自己的生產線，並擴大生產規模，到了三〇代初期，便已賺進億萬美元了。

接二連三的勝利雖然奠定了福特的信心，但也沖垮了他的危機意識。任何人的意見對他而言都是耳邊風，他認爲事實擺在眼前，只有自己的決策是正確的，使得一些有理想的屬下在這裡完全沒有施展抱負的機會，於是紛紛跳槽到別家公司。

福特公司的人才逐漸凋零，面對競爭對手不斷地推陳出新，感到完全不知所措、欲振乏力。最後，福特公司面臨了巨大的虧損，多年來的苦心經營差點就付之一炬。

失敗往往伴隨著勝利而來，看看那些賭徒們，如果不是一開始嚐到了勝利的滋味，又怎會一試再試，賭到傾家蕩產還誓不罷休？就因爲他們曾經贏過，所以相信自己會有再度翻身的一天。

因此，西方人笑說這樣的勝利是魔鬼在招手，魔鬼先讓人嚐到一點甜頭，然後人就會奮不顧身往火坑跳，從此陷入萬劫不復的深淵中。

人生是一場賽跑，不到終點，誰也不知道結果。好的開始也許是成功的一半，但是請記住，贏在終點的人，才是眞正的贏家。

千萬別當「半桶水」

自以為聰明的人，往往做出最愚蠢的事，即使肚子裡有半桶水，也毫無作用，不如那些連一點水也沒有的人。

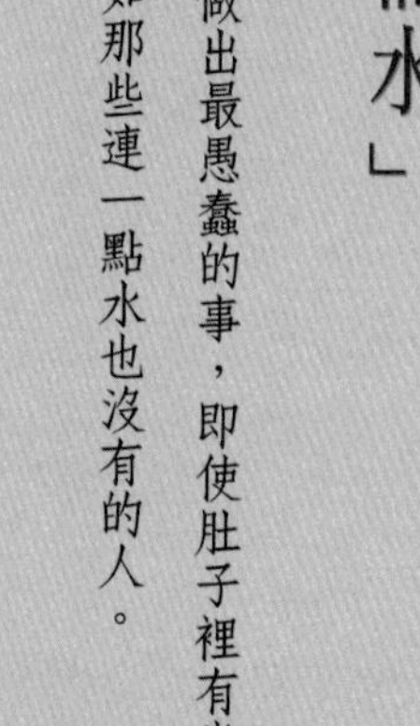

有一位滿腹經綸的學者，爲了了解禪學的奧妙，不遠千里去拜訪一位知名的禪師。只見禪師在桌上準備了兩只斟滿茶水的杯子，然後便坐下，開始講解佛學的精義。

這位學者聽著聽著，覺得其中某些話似曾相識，好像也不是什麼高深的理論。他曾聽人說這位禪師道行高深，從他的話語中能夠得到很多啓發，但是交談之下並不覺得他有什麼特殊之處，於是認爲這位禪師不過是浪得虛名，騙騙一般凡夫

俗子而已。

學者越想越覺得心浮氣燥，坐立不安，不但在禪師的講道中不停地插話，甚至輕蔑地說：「喔，這個我早就知道了。」

禪師並沒有出言指責學者的不敬，只是停了下來，微微一笑，接著拿起茶壺再次替這位學者斟茶。儘管茶杯裡的茶還剩下八分滿，禪師卻沒有把杯子裡的茶倒出，只是不斷的在茶杯中注入溫熱的茶水，直到茶水不停地從杯中溢出，流得滿地都是。

這位學者見狀，連忙提醒大師說：「別倒了，杯子早就已經滿了，根本裝不下了。」

禪師聽了放下茶壺，不惱不怒地說：「是啊！如果你不先把原來的茶杯倒乾淨，又怎麼能品嚐我現在倒給你的茶呢？」

修養淺薄的人，總是以自我爲中心，把自己看得極爲重要，既無法包容別人，也常常爲了小事情氣個不停。

猜一猜，一個桶子裡裝了多少水，搖起來的聲音會最響亮？

答案是半桶水。

認爲自己肚子裡沒有半點墨水的人，是最虛心求教的那一種，肚子裡已經裝滿水的人，則是最深藏不露的那種，只有半桶水的人，最容易「膨風」自大，走起路來叮噹響。

自以爲聰明的人，往往做出最愚蠢的事，即使肚子裡有半桶水，也毫無作用，不如那些連一點水也沒有的人。

因爲，有自知之明的人會努力爲自己裝水，日積月累之後，肯定裝得比半桶水還多。

別為小事傷腦筋

很多人都有相同的目標，卻常常因為選擇的道路不同，走路的方式不同，結果也有了天壤之別。

一位太太爲了熬出一鍋好湯，於是邀請鄰居的太太來家裡指導。

她買齊了材料，準備生火燒水，鄰居太太卻說：「這個不銹鋼鍋不適合熬湯，我還是再去買一個陶鍋，熬出來的湯會美味一些。」

然後，她匆匆忙忙地卸下了圍裙，跑去買鍋子。

鍋子很快就買來了，這位太太正要燒水，鄰居太太卻說：「我想起來了，我有一組餐具很配這個陶鍋，等我一下，我回家找找去。」

然後，她急忙跑回家翻箱倒櫃，滿身大汗地把餐具拿過來。

正當燒水之際，鄰居太太又看了看準備入鍋的材料，搖了搖頭說：「不行，這肉片切得太大塊了，不容易入味，我得把它切小塊一點才行。」

好不容易拿出了菜刀，才切沒兩三下，鄰居太太又說了：「這菜刀不利了，得趕緊磨一磨才好。」

於是，她丟下菜刀，回家去把磨刀石拿過來。等到磨刀石拿來以後，她又發現，要磨利刀子，必須用木棍固定一下才方便，所以她又連忙出外尋找木棍，找了好半天都不見蹤影。

在家裡等待的這位太太只好先把材料下鍋，一邊煮一邊等。

直到鄰居太太氣喘如牛，手裡拿著木棍跑回來時，鍋裡的材料早已熟透，可以開始大快朵頤了。

看完這則故事之後，你一定心裡偷笑，天底下怎麼會有像鄰居太太這麼愚笨的人啊！

事實上，我們雖然不至於像鄰居太太做出這麼多愚蠢的事，但是很多時候，我們也犯了一樣的毛病，只看見眼前的事物，卻忘了自己最終的目標，終日爲小事營營役役，到頭來卻仍是一場空。

歌德曾說：「決定一個人的一生，以及整個命運的，只是一瞬之間。」那「一瞬之間」指的是你做事的態度、做事的方法。

很多人都有相同的目標，卻常常因爲選擇的道路不同，走路的方式不同，結果也有了天壤之別。

愚蠢的人爲了無謂的小事而浪費光陰，聰明的人卻善用每分每秒，山不轉路轉，完成一件事的方法永遠不只一個。

原諒比指責更有效

一個人的心境是可以由自己來決定的，指責別人的錯誤也許非常重要，然而，適時原諒別人的錯誤，才是更高一層的功夫。

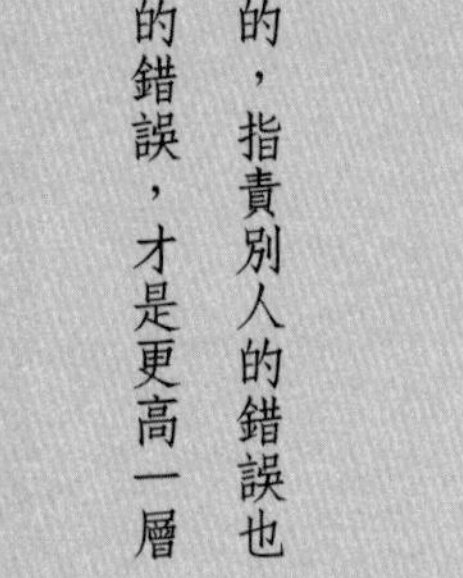

在一次大戰結束後的慶功宴上，楚莊王由於大獲全勝，因此十分高興，不僅大魚大肉款待眾位將領，更安排自己的一位寵妃，到席間親自爲戰士斟酒，藉此表示獎勵。

酒足飯飽之際，將士們的酒越喝越多，膽子也越放越開。當這位妃子穿梭席間替將士們斟酒時，大廳上的蠟燭突然被風吹熄了，黑暗中，妃子感覺到有人趁機摸了她一把。

她急中生智，一把扯下了那個人頭盔上的帽帶，然後回到楚莊王的身邊，既生氣又委屈地把這件事情告訴了楚莊王，請他好好懲治一下那個沒有了帽帶的登徒子。

楚莊王聽說有人調戲自己的愛妃，當然怒火中燒，但隨即轉念一想，在場人士皆是有功之臣，而且在慶功宴上每個人都已滿臉酒意，一時得意忘形實在無可厚非，不值得大驚小怪，又何必爲了一個無心之過而小題大作，破壞原本歡樂的氣氛呢？

於是，楚莊王舉起酒杯，對所有的將士們說：「今天宴請大家，一定要玩得盡興，不醉不歸，因此請所有人都脫下頭盔，不必拘泥禮節，大家一起狂歡吧！」說罷，全場的人皆脫下頭盔，再也分不出誰是那個被扯下帽帶的無禮軍官了。

情緒決定你的格局

人生不可能沒有困擾懊惱，要學會轉換心情看事情，才不至於讓小事困擾自己。懂得寬厚面對，才能替自己創造更多機會。

楚莊王寬宏大量，並體恤軍心，掩小惡以顧全大局，因此能在春秋時代，爲楚國開拓出一片繁榮盛世。

很多事情，其實都可大可小、可有可無，每個人的身上也總有幾處汙點，嫉惡如仇的人猛盯著那些地方看，心中自然充滿了憎惡；有容乃大的人卻假裝看不見那些骯汙的地方，設法往好處看，只要對方瑕不掩瑜，心中自然充滿了喜樂。

一個人的心境是可以由自己來決定的，指責別人的錯誤也許非常重要，然而，適時原諒別人的錯誤，才是更高一層的功夫。

11.

經過磨練才能蛻變

挫折是人生的關卡，也是人生蛻變的轉機，憑著自己的意志，無畏無懼，才能通過困難的磨練，迎向海闊天空的人生。

「此路不通」的背後，就是海闊天空

每個人都有弱點，但是有弱點並不代表「此路不通」，而是告訴你通過了這一關，前方就是一片海闊天空。

史蒂芬．坎貝爾從小就是老師同學眼中的「討厭鬼」。

他的動作老是慢吞吞，反應也總比別人慢半拍，而且打從上小學以來，他的成績就從來沒有及格過。

當別人已經學到更高深的課程時，他卻仍像新生一樣，費力地學習閱讀書本，而且不曉得爲什麼，他看書總是漏字或跳行，拼寫單字也從來沒有正確過。更令老師洩氣的是，他怎麼學就是學不會，心想連這麼簡單的事情都做不好，將來能有什麼前途呢？

爲此，史蒂芬的學習生涯一波三折，經歷了無數次的退學、轉學，最後總算以倒數第一名的成績勉強畢業。

學習的挫折感與人們的譏諷伴隨了他好多年，一直到他三十五歲時，史蒂芬才發現自己的智商與一般人無異，只不過是患了閱讀障礙症——一種先天的學習障礙，不擅長閱讀、寫字而已，但是他仍然有自己的想法，可以開創自己的未來。

長年過著孤獨閉塞生活的他，累積了比一般人更多的靈感，於是他以三十五歲的「高齡」，進入了俄勒岡大學就讀，學習如何把腦袋裡的想像、記錄轉化成文字，因爲他希望能成爲一個專業的作家。

史蒂芬開始了他的寫作生涯，五年之後，賣掉了一個電視劇本，並因此打響了他的名號。

他的作品廣受人們喜愛，數量之多，遠遠超過了電視史上所有的編劇，而且，他同時也成了黃金時段最熱門的節目撰稿人，並且多次榮獲「艾美獎」。當他站在舞台上，接受這個電視人的最高榮耀時，誰也想不到這個滿腦子創意的鬼才，竟然是以前那個連單字都拼不好的「討厭鬼」！

情緒決定你的格局

世間沒有單純的幸福，也沒有單純的不幸，對於那些讓自己感到苦惱煩憂的事情，與其想盡辦法逃避，不如以坦然的心情去面對。

不會走路，並不代表你就不會飛，不會說話也不表示你就不能歌唱。

我們常常聽到有人唉聲歎氣地說：「我連這麼簡單的事都做不好了，又怎麼能做那麼難的事呢？」

其實，說這些話的人，同時也限制住了自己的潛能。

每一種學習或許都有它的次序，但是不按牌理出牌的也大有人在。

一個不會游泳的人可能成爲一名潛水員，開飛機的駕駛員也可能根本不會開車。每個人都有他的弱點，但是有弱點並不代表「此路不通」，而是告訴你通過了這一關，前方就是一片海闊天空。

眼淚無法改變現實的世界

在現實世界裡，沒有任何事會因為你的眼淚而有所改變，只有當你堅強起來，才可能激發足夠的智慧去應對眼前的難關。

佩貞三十歲生日當天，上帝給了她一份「大禮」，因爲她剛從醫生的口中證實，自己罹患了末期癌症，將不久於人世。

佩貞絕望得想哭，畢竟她還很年輕，還沒看夠這個世界，還有很多事情想做。一想到自己將會很慢很慢、很痛苦很痛苦地死去，佩貞忍不住向醫生求助，哭訴她內心的惶恐。

醫生看見佩貞六神無主、焦慮不安的樣子，連一句安慰的話也沒說，只是堅定地告訴佩眞說：「妳決定要投降了嗎？如果妳再這麼哭下去，就眞的只有死路一條，連上帝也救不了妳。既然事實已經如此，就別再怨天尤人，好好面對妳眼前的現實，然後想點辦法。」

醫生的一席話，使佩眞彷彿受到當頭棒喝一樣，她告訴自己，不要再哭泣了！胡思亂想對自己並沒有一點好處，現在她唯一能做的，就是下定決心，一定要繼續活下去！

爲了謀求一絲生存的希望，佩眞嘗盡了各式各樣的方法，她接受每天超長時間的X光照射，忍受骨頭像有千萬枝箭穿過一般的痛苦，兩隻腳重得像綁了鉛塊，吃下去的東西還不夠她吐出的量。

但是，佩眞一聲也沒吭，連眼淚都不曾流過一滴，她知道，微笑永遠比哭泣來得有用，就算難逃一死，她也要帶著笑容死去。

如今，佩眞即將度過她的四十歲生日了，儘管體內的癌細胞不可能完全消失，但是，她告訴自己，十年都撐過去了，無論將來遭遇多大的痛苦，她一定還要繼續活下去！

美國作家威特勒在《成功的關鍵態度》中告訴我們：「生活中的那些逆境和失敗，如果我們把它們視為正常的反饋來看待，就會幫我們增強免疫力，防禦那些有害的反應。」

人生背負了許多難以逃避的責任，生命當中也有太多未知的課題，然而，無論如何，人都必須學會其中最重要的一課，那就是「堅強」。

軟弱無助或亂發脾氣是八點檔連續劇中女主角的專利，在現實世界裡，沒有任何事會因爲你的眼淚和怒氣而有所改變。只有當你堅強起來，才可能激發足夠的智慧去應對眼前的難關。

哭夠了嗎？那就好好的擦乾眼淚，抬起頭面對你眼前的現實，然後想點辦法解決問題吧！

改變想法，調整步伐

人生如棋盤，一顆位置放錯了，就可能會全盤皆輸，只有隨時調整自己的腳步，方能找到自己的利基點。

成功學大師戴爾卡耐基曾經說：「許多大人物的成功之道就在於，設法讓打交道的對象感到自己很重要。」

有時候，失敗挫折並不是因爲事情眞的那麼棘手，而是你不懂得收買人心，沒用對正確的方法，以致於吃盡苦頭。

老吳從事的工作，是把服裝的設計圖賣給設計師或廠商，然後從中賺取利潤。

最近，他的事業在力求突破之時遇到了瓶頸，一直無法和一家大廠商達成合作的共識，因為這家廠商從不正面拒絕，只是東挑剔一點，西批評一下，給老吳軟釘子碰，要他知難而退。

老吳在業界已打滾多年，是不會這麼輕易就宣告放棄的，而且他對自己所販賣的設計圖，品質和水準都要求十分嚴格，與多家廠商也一直合作愉快，從未遇到這麼棘手的狀況，於是卯足了全力，想找出問題的癥結。

儘管老吳被拒絕了一百多次，仍然持續努力、越挫越勇。他明白，設計本身就是一種很主觀的東西，自己的設計圖一再被人家拒絕，一定有某些理由，只是自己不清楚罷了。

老吳從失敗中漸漸領悟到，如果只是一味要求別人接受自己的東西，那是不正確的心態，應該先聽聽別人想要的究竟是什麼，然後投其所好，設法提供給他想要的。

因此，他大膽地進行嘗試，把幾張未完成的設計草圖拿給廠商看看，並詢問他們的意見，了解他們真正的需求，綜合他們的想法之後，再一步步地將整個作品完成。

最後，這個作品果然得到了廠商大大肯定，高價買下了這張設計圖，展開了彼此合作的第一步。

情緒決定你的格局

老吳聰明地利用廠商的意見完成作品，讓原本主觀的設計注入了新血，因此後來在溝通的過程中，不用老吳開口，對方就已經迫不及待地把設計圖買下來了。這種做法，是不是比生氣或費盡唇舌去推銷來得高明呢？

當然，這樣的智慧不會無中生有，往往是從一次又一次的失敗中磨練出來的。老吳遭受拒絕之後，並沒有把責任推到別人身上，也不生悶氣，一再檢討自己的疏失，最後終於掌握到更精確的做事方法，成功地爭取到新的客戶。

人生如棋盤，一顆棋子位置放錯了，就可能會全盤皆輸，只有時時刻刻觀前顧後，隨時調整自己的腳步，方能進可攻、退可守，找到自己的利基點，然後穩紮穩打，下一盤精采的棋局。

為自己設定具體的奮鬥目標

你設定好自己的目標了嗎？目標是遠是近都沒有關係，重要的是你的努力能不能和你的目標成正比。

著名的跳遠選手卡爾上高中時，就已經展現了運動員的潛力，然而眞正使他引人注目的，不是他的名氣，而是他的衣著。因爲，卡爾每天穿著同一件背心，上頭寫著「七·六二」這幾個醒目的大字。

有一天，一位同學忍不住好奇地問：「卡爾，你身上的數字究竟有什麼意思？是你的生日嗎？」

卡爾回答：「這不是我的生日，而是我設定的目標，在高中畢業以前，我一定要跳出七・六二公尺的成績。」

同學聽了捧腹大笑，指著卡爾說：「你當你是神童啊！我們這個州從以前到現在，還沒有人跳過七・六二公尺，你還眞會做夢啊！」

卡爾聽了並沒有生氣，他的目標、他的努力不是爲了別人，而是爲了自己，不管別人怎麼說、怎麼想，他都左耳進、右耳出，完全不以爲意。

經過不斷地苦心練習，正在發育中的卡爾果眞有著驚人的爆發力，高中畢業之前，他竟跳出了七・八五公尺的好成績，不僅跌破衆人的眼鏡，更遠遠超乎自己的預期。

而當人們發現自己所居住的地方，極有可能會是未來奧運跳遠金牌選手的故鄉時，就再也不敢嘲笑卡爾不自量力、心比天高了。

但是，卡爾卻一點也不因爲這小小的成就而感到心滿意足，第二天，卡爾換上了一件新背心，上頭寫著八・二〇這幾個大字。他知道，成功的路只有一條，就是不斷地往上爬。

別人小看你的志向，嘲笑你的目標，不必因爲那些風涼話而動氣，也不必和那些只會嚼舌根的人一般見識，你要做的是一步步向自己的目標邁進。

你設定好自己的目標了嗎？

目標是遠是近、是大是小，其實都沒有關係，重要的是你的努力能不能和你的目標成正比。

目標遠大，就要付出比平常多十倍的心力，更要加上具體而持續不斷的行動，否則便只會淪爲癡人說夢。至於近程的目標，就要講求效率，如此才能早日達成，繼續下一個目標。

不要在意別人的嘲笑，也別理會那些異樣眼光。

人類因爲夢想而偉大，有了具體的奮鬥目標，才能著手行動，你已經準備好行動了嗎？

培養自己的「透視能力」

做事之前，不妨先鍛鍊一下你的透視眼，當你能見別人所不能見時，你自然就能成就別人所不能成就的事業了。

戴爾電腦公司的創辦人戴爾，十六歲那年暑假，找了一份兼差的工作，是負責某家大報的推廣業務。

報社交給他一張由電話公司提供的用戶名單，而他每天的工作，就是打電話向名單上的客戶推銷報紙。

經過一個禮拜，戴爾賣出了好幾份報紙，他發現願意向他訂購的人，絕大多數都是剛新婚不久的夫婦，或是剛遷入新居的家庭。

戴爾心想，有沒有什麼特別的方法，可以快速地找到這兩種人，增加自己的銷售效率呢？

左思右想了好幾天，戴爾忽然想到，大多數新人結婚時，都會在餐廳設宴，因此他勤跑各家飯店，蒐集了許多新婚夫婦的聯絡方式。

同時他也發現，許多房地產公司會整理客戶的資料，把本月成交的屋主做成一項報表，於是他透過關係，設法弄到這些報表，然後按照這些蒐集來的情報，給每個人寄一封信，提供他們訂閱報紙的資料。

這種方式既迅速又有效，短短兩個月的時間，戴爾就找到了數千名客戶，那年暑假所賺的錢，足以支付他未來好幾年的學費，遠比他老師一年的薪水還要多。

情緒決定你的格局

《君王論》的作者馬基維利曾說：「一般人在判斷一件事物時，多半只注意外表，而不注重實質，雖然每個人都有眼睛，卻只有少數人的眼睛能具有透視的能力。」

這段話不只用在做人，做事也是同樣的道理。

戴爾善用「透視」的能力，從事情的細節中，仔細地歸納出明確的方向，他的人生道路當然走得比別人更平坦遼闊，成功也就來得更快速了，後來更創立了首屈一指的電腦公司。

當你覺得事事都不順遂自己心意的時候，與其生氣、沮喪，倒不如靜下心來找出自己做事毫無效益的原因。

也許，你所欠缺的，正是洞穿事物表象的透視能力。

做事之前，不妨先鍛鍊一下你的透視眼，當你能見別人所不能見時，你自然就能成別人所不能成就的事業了。

人生就像在海灘上堆沙堡

別忘了，可貴的東西都是不容易獲得的，也許堅持下去不一定會有什麼收穫，但是如果不堅持，就肯定連一點收穫也沒有。

美國著名作家海明威的文學作品享譽全球，是個不可多得的文學奇才，但是，他的寫作之路並不平順，一路上經歷了重重波折和關卡，不是一般人想像得到的。

海明威生長在一個醫生世家，十四歲那年，在一場拳擊練習中被對手擊傷左眼，從此以後，這隻眼睛的視力就再也沒有恢復了。

海明威失去了一隻眼睛，卻沒有因此而失去生存的勇氣，第一次世界大戰時，他自告奮勇，加入了美國紅十字戰地服務隊，前往義大利戰區，但在一次意外中，海明威被炸成了重傷，經過十三次手術之後，他的身體從此多了一塊金屬製的膝蓋骨，以及許多無法取出來的小彈片。

這些意外反而豐富了他的人生，回到美國之後，海明威開始埋首於寫作，然而噩運卻依然纏著他不放，第一年裡，他所完成的十二篇短篇小說，全都遭到了退回的命運。

他的母親受不了兒子的一事無成，於是對他下了最後通牒：「如果再不好好找一份固定工作的話，那就搬出去吧！」

就這樣，海明威離開了家裡，但他仍然一心一意勤奮地寫作，三年中，他完成了一部長篇小說、十八個短篇小說和三十首詩。

海明威小心翼翼地把作品收藏在手提箱中，誰知道，手提箱卻被粗心大意的妻子遺失在火車站了，海明威只好重新開始。

經過了這種種打擊，海明威始終堅持自己的理想，努力不懈，終於在一九二六年，他的作品《太陽照樣升起》受到了世人的矚目，一個諾貝爾文學獎得主也從此誕生。

人應該擺脫怯懦畏縮的負面個性，用智慧和行動迎向目標，而不是一聽到閒言閒語，一遭遇打擊就洩氣、逃避。

人生，其實就像在海灘上堆沙堡。

最常出現的狀況是，海浪一衝過來，辛辛苦苦建築的沙堡便立刻被沖毀，只能從頭來過。

一次又一次，再怎麼努力堆成的沙堡，也敵不過無情海浪的沖刷，你不禁懊惱地懷疑，這樣繼續下去究竟還有什麼意義？

可是，別忘了，可貴的東西都是不容易獲得的，也許堅持下去不一定會有什麼收穫，但是如果不堅持，就肯定連一點收穫也沒有。

學學海明威鍥而不捨的精神吧！都已經付出這麼多了，說不定只差最後一步，就能完成奮鬥已久的理想，你捨得就這麼白白放棄嗎？

經過磨練才能蛻變

挫折是人生的關卡，也是人生蛻變的轉機，憑著自己的意志，無畏無懼，才能通過困難的磨練，迎向海闊天空的人生。

當飛蛾還在蛹裡面的時候，翅膀短小，欲振乏力，等到牠由蛹變繭，準備破繭而出時，身體會經過一番痛苦的掙扎，使全身的神經舒展，體液充斥到翅膀上面。如此一來，翅膀才能變得堅實有力，足以支撐起整個身體，輕盈地飛翔在空中。

上帝造物實在很有意思，有個人在得知這番理論之後，產生了巨大的好奇心，想一窺生物界的奧秘，於是找來了一只飛蛾的蛹，慢慢地孵化，想親眼目睹牠破繭而出的精采過程。

沒過多久，這只繭果眞開始活動，左搖右晃，似乎從裡頭傳來驚人的活躍力量，這個人目不轉睛地盯著它看，對這只繭的一舉一動滿懷興趣。

然而，時間一分一秒地過去了，只見飛蛾在裡面奮力地掙扎，不停地晃動，這只繭卻依然十分堅固，毫無一絲變化，於是，這個人開始失去耐心，漸漸心浮氣躁了起來。

再這樣下去，不知道還要等多久，才能看到飛蛾破繭而出的模樣，都已經掙扎這麼久了，這只繭卻沒有一點要破裂的跡象，乾脆好人做到底，助這隻飛蛾一臂之力吧！

於是，他用一把剪刀，把繭上的絲輕輕地剪了一個小洞，使飛蛾只要把洞挖大一點，就可以很輕易地爬出來了。

果眞，不用三兩下工夫，就見到飛蛾從小洞裡探出頭來，慢慢地爬出來了。只是，這隻經過手術催生的飛蛾，身體是一般飛蛾的兩倍大，翅膀卻異常短小，活像長在身體兩側的兩根觸鬚，根本飛不起來。

雖然這隻飛蛾十分輕易地就來到了外面的世界，但卻因爲飛不起來，還沒見識到其他同伴，就跌跌撞撞地爬了幾步路，靜悄悄地死去了。

情緒決定你的格局

成功學大師卡耐基曾經說過：「人身處困境時，適應環境的能力，通常比在順境時更為驚人。」

置身逆境的時候，千萬不要動氣，也不要怨天怨地。

沒經過寒冷的嚴冬，又怎能體會出春暖花開的無限生機？

沒有經歷過困境的人，像溫室裡的花朵一般，只要一移到室外，經過日曬雨淋之後，馬上就枯萎凋零了。

挫折是人生的關卡，也是人生蛻變的轉機，只有當你憑著自己的意志，無畏無懼，才能通過困難的磨練，迎向海闊天空的人生。

困在繭中的飛蛾，正經歷著大自然的考驗，只要信心堅定，努力不懈，每個人都可以是破繭而出的飛蛾。

帶著自己的夢想繼續飛翔

現實和夢想的航線，往往是曲折而艱苦的，只有不斷地努力與堅持，帶著夢想往前飛，才能抵達現實與夢想交會的地方。

嘉玲三年級的時候，得了演講比賽第一名，老師送給她一本記錄世界風景的圖文書，作爲這次比賽的鼓勵。

回到家裡，嘉玲迫不及待地一邊看著書，一邊幫爸爸盯著燒水的爐火。當她看到介紹丹麥風光的圖片時，一股嚮往之情油然升起。

丹麥多美啊！那裡的房子像城堡一樣漂亮，簡直就是童話裡的世界，嘉玲看得入迷，絲毫沒有聽到爸爸走近的腳步聲。

爸爸問：「妳在做什麼？」

「我在看圖片啊。」

「我叫妳看著爐火，妳把我的話當耳邊風嗎？看什麼圖片？」爸爸的聲音裡飽含著怒氣。

嘉玲指著書本上的圖片說：「可是，爸爸，你看丹麥的風景真的好漂亮，我好想去……」

話還沒說完，「啪」的一聲，爸爸一棍子打在嘉玲身上。

「火就要熄了，妳還在那裡說夢話，連一點小事都做不好！我向妳保證，妳這輩子都不可能到那麼遠的地方，妳還是安安分分地盯緊爐火吧！」

爸爸嚴厲的保證，在嘉玲心裡刻下了難以抹滅的記憶，心裡想著：「爸爸憑什麼說得那麼肯定？無論如何，我一定要憑著自己的力量去丹麥！」

二十多年後，嘉玲第一次出國就到了丹麥，站在安徒生的小美人魚銅像前，嘉玲寫了一張明信片給爸爸，上頭寫著：「爸爸，記得我小時候，你曾經打我一棍子，叫我別再癡人說夢，還說我絕對不可能到這麼遠的地方去。但是現在，我做到了，因爲我要向你證明，沒有任何事是絕對的。」

情緒決定你的格局

法國文豪巴爾札克曾說：「困境是天才的進身之階，信徒的洗腳之水，能人的無價之寶，弱者的無底深淵。」

逆境能夠促進一個人勤勞奮發，能夠使一個人發憤圖強，自力更生，激發出自己尚未開發的潛能，到達自己想去的地方。

夢想是我們所有的最大財富，沒有夢想的人，就算人生不是黑白的，恐怕也不會有太豐富的色彩。

別忘了，夢想是我們與生俱來的權利，是一個人頭頂上的光環，它不僅能讓我們相信明天會更好，更能支持我們不斷往前邁進。

現實和夢想的航線，往往是曲折而艱苦的，只有不斷地努力與堅持，帶著夢想往前飛，才能抵達現實與夢想交會的地方。

內心，是離我們最遠的地方

只有徹底地放鬆，完全沉靜下來，你的內在智慧才能引導著你，讓那被抑制了出口的能量如清泉般湧現。

印度民間流傳著一個深具寓意的傳說。

很久很久以前，人類也和神仙一樣具有神力，但是，人類卻不知道珍惜而隨意濫用，引起了諸多天神的不滿，所以，他們決定收回人類擁有的神力，把它藏在一個人們永遠也找不到的地方。

於是，眾神聚集在一起，商議著要把人類的神力藏到什麼地方最安全。

有的神仙提議將它藏在全世界最高的山峰上，但立刻有神仙否決了這個提議，因爲他們認爲人類野心浩大，可以爲了神力而不擇手段，豈是一座山峰所能擋住的呢？

也有神仙提議要把神力隱藏到大海的最深處，但是，仍然得不到其他神仙的贊同。他們覺得，就算是汪洋大海，人類還是可能找遍海底的每一個角落，想盡辦法取回神力。

接著，陸陸續續有神仙提議要把神力藏在地底最深處，甚至宇宙外太空，但是都一一被否決了。

最後，有個神仙提出一個主意：「最危險的地方就是最安全的地方，不如就把神力藏在人的內心深處！那裡是人類連想都不想去尋找的地方。」

衆神紛紛點頭稱是，一致通過了這項聰明的提議。

情緒決定你的格局

最近的地方，反而離我們最遠。

人的內心深處，其實有著無窮無盡的寶藏，但是，卻很少有人願意眞正走進自己的內心世界。

忙碌使人的物質生活充實，同時也令人的心靈世界疲乏。

忙碌總是讓人產生負面情緒，未知、莫名、詭異的事物也總是讓人心生畏懼，讓人失去原本應有的理智。就像塞萬提斯在《唐吉訶德》中所說的：「負面情緒的最大效果就是教你感覺錯亂，動不動就胡亂發怒。」

只有徹底地放鬆，完全沉靜下來，你的內在智慧才能引導著你，讓那被抑制了出口的能量如清泉般湧現。

12. 在逆境之中綻放笑容

人生免不了失敗，真正有價值的人，是在逆境中仍能綻放笑容的人。「困頓」其實只是一種心態，如果心像太陽，便能燃起新的希望。

不斷挑戰自己，才能創造奇蹟

沒有人生下來就十八般武藝樣樣精通，但是，我們卻可以藉由一次又一次的挑戰，肯定自己、超越自己，創造出全新不同的自己。

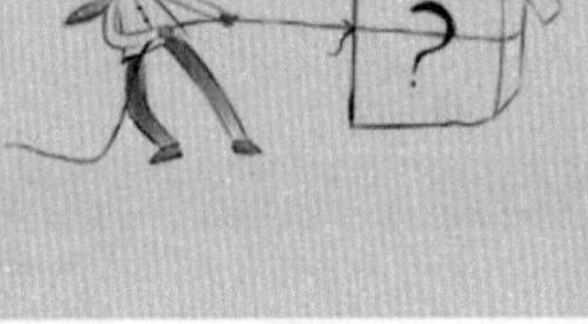

露皮塔從小在歐洲長大，二十七歲那年，隨丈夫移居美國，一家四口在美國生根落地，開始適應新的生活。

在美國待了好幾年，露皮塔幾乎不懂英文，也從來不認爲自己有學英文的必要，直到接到兩個兒子的成績單，上頭紅字斑斑、慘不忍睹的分數，是連她這個不懂英文的人都可以辨認的。而且，老師還告訴她，如果再這麼下去，兩個兒子都可能會被迫退學。

露皮塔這時才意識到事態的嚴重，兩個孩子遲鈍的反應，對任何事都提不起興趣的學習態度，不正和自己如出一轍嗎？

露皮塔知道，如果要親自教導孩子，自己也必須有所長進。於是，她報名了英語研習班，嘗試克服對陌生事物的恐懼，從基礎開始學起。

繁瑣的家務並不會妨礙她的學習，只要一有空閒，露皮塔便把時間用在閱讀上。不到一年的時間，她的英文已經說得和土生土長的美國人沒兩樣。

露皮塔非常驚訝自己的學習天分，於是她再接再厲，希望能實現自己年輕時的夢想，擁有一張大學文憑。

露皮塔申請了一所大學，每個禮拜有三天，都必須花兩個小時的車程，到七十公里以外的大學上課，但強烈的求知慾望卻使露皮塔樂在其中。

三年之後，她以優異的成績獲得理學學士的學位，這種孜孜不倦的努力精神也感染了兩個兒子，他們的成績一天比一天進步，終於不再是老師眼中的問題兒童了。

露皮塔開啓了人生的另一扇窗戶，她仍然持續地往上學習，陸陸續續獲得了西班牙文學碩士、行政管理學博士。

之後，她更被提任爲豪斯登大學教務長助理，並獲得雷根總統的任命，到全美司法顧問委員會工作，而這也是露皮塔在收到兒子的成績單之前，連想都不敢想的成就！

情緒決定你的格局

俄國作家克雷洛夫曾說：「有天分而不持續運用，天分一定會消退。如果你不掌握向前邁進的速度，那麼你將在慢性的腐朽中逐漸衰滅。」

作家黛恩也曾在書中寫道：「事情成敗往往由心境決定，不是由智商決定，只有懂得改變心境的人才能改變人生，獲得自己想要的成就。」

只要對自己充滿信心，相信自己有能力解決難題，用積極的態度把潛在的能力發揮出來，就一定達成夢想。

超越自我，是一項重大的挑戰，也是人人稱羨的境界。

很多人面臨挑戰時，總是把「我不能」、「我不會」、「我不喜歡」這些藉口放在勇氣之前，反而畫地自限，阻斷了自己無限的可能。

挑戰之所以稱爲挑戰，就是因爲它是你從未接觸，或是令你畏懼的新事物，正因爲你不能，所以才要去接受；正因爲你不會，所以才要去學習；正因爲你不喜歡，所以才要去嘗試。

沒有人生下來就是文武雙全、十八般武藝樣樣精通，但是，我們卻可以像露皮塔一樣，藉由一次又一次的挑戰和學習，肯定自己、超越自己，繼而創造出全新不同的自己。

在逆境之中綻放笑容

人生免不了失敗，真正有價值的人，是在逆境中仍能綻放笑容的人。「困頓」其實只是一種心態，如果心像太陽，便能燃起新的希望。

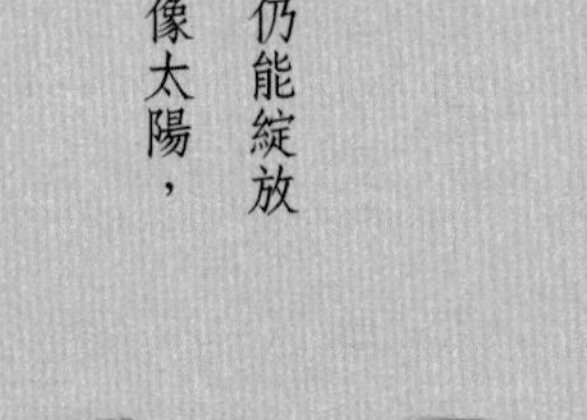

對於阿達來說，成爲一名成功的外科醫生是他畢生的心願，因此非常地努力。當醫學院的男同學正忙著泡妞的時候，他可以心無旁騖地坐在書桌前挑燈夜戰；當醫院裡的同事忙裡偷閒，躲在休息室摸魚時，他自願值班，只爲了向主治大夫學得更精深的技術。

他的拼命學習，很快便爲他在醫學界謀得了一席之地，才二十八歲的他已經成爲整形外科醫院裡首屈一指的紅牌大夫，預計再過個幾年，就可以自己開診所了。

偏偏天不從人願，在一次嚴重的車禍中，阿達身受重傷，竟失去了右手大拇指以外的四隻手指。

當眾人皆驚嘆惋惜時，阿達堅強地接受了這個殘酷的事實。他知道，只有移植腳趾，才有恢復右手正常機能的希望，於是顧不得當中的危險，堅定地選擇了這條道路。

手術之後，距離右手正常的運作仍有一段漫長的路要走，阿達就像個初生的嬰兒一樣，一切從頭開始。

他一遍一遍練習用右手打繩結，完成之後，解開，再重來。

他也練習用右手穿針，自己一針一針地縫衣服；他練習拿筷子，也挑戰在兩根手指之間滾動彈珠。

這些看似輕鬆的工作，阿達都得咬緊牙關，一次次練習才能完成，但他絲毫不放棄，只爲了找回失去的右手。

在他的努力之下，三年後，阿達再度站到了手術台前，這一次，他是替燒傷的病患進行手術，望著自己運用自如的右手，阿達知道，他今後不只能替別人做手術，他還能完成任何他想達成的目標。

情緒決定你的格局

人生免不了失敗，眞正有價值的人，是在逆境中仍能綻放笑容的人。

「困頓」其實只是一種心態，如果心像太陽，便能燃起新的希望。

許多口足畫家沒有雙手，卻活出了更閃的人生，他們從不在意自己失去了什麼，而是更珍惜自己擁有的一切。

對他們而言，身體的綑綁和限制，並不能限制靈魂的自由，反而因爲這些限制，激發出內在更大的能量。

世事無絕對，人生總有意外，只要勇於接受挑戰，樂觀地面對生命，你就能創造出更多的奇蹟。

別老是看著同一個方向

別老是看著同一個方向，試著轉個彎，想法一改變，你的道路自然也就變寬廣了。

一家大公司招聘業務人員，給所有的應試者出了一道試題，就是想辦法把梳子賣給光頭的和尚。和尚沒有頭髮，怎麼會用得到梳子呢？不少應徵者因此打退堂鼓，還批評這項測驗根本是強人所難，浪費大家的時間。

最後，勇於挑戰這個試煉的，只剩下甲、乙、丙三人，公司給他們一個禮拜的時間，屆時再驗收他們的成果。

一個禮拜很快就過去了，甲在四處碰壁之後，有一天，在街上偶然遇到了一個化緣的和尚。

這個和尚不停地伸手搔他那又髒又厚的頭皮，甲靈光一閃，想到梳子不只可以梳頭髮，還可以替頭皮抓癢，於是立刻對那位和尚推薦梳子的妙用，終於賣出了第一把梳子，也是唯一的一把。

乙較具生意頭腦，發現山邊風大，進香者的頭髮幾乎都被風吹亂，於是向廟裡的住持建議說：「這樣蓬頭垢面進香，也算是對神明不敬吧，不如在廟口放把梳子，讓前來進香的信衆可以先打理儀容，再進門禮佛。」

住持覺得這個提議不無道理，於是便向乙買下了一把梳子。之後，乙總共拜訪了二十座廟宇，一個禮拜下來，賣出了二十把梳子。

至於丙則採取不同的策略，他找了一座香火鼎盛的寺廟，對住持建議：「寶剎的香火鼎盛，來此誠心拜佛的善男信女想必不少，我有一批梳子，可以在上面印上『積善梳』三個大字，放在香案前作爲贈品，一來鼓勵信衆多做善事，二來也可以爲寶剎多添點香油錢。」

住持聽了大喜，立刻買下了一千把，而最後被公司聘用的人，當然也就非丙莫屬了。

作家米朗曾經寫道：「讓自己苦惱的事，並不會因為你什麼事都不做，只想躲避，就會自動消失不見。」

面對讓自己頭疼的難題，必須叮嚀自己，別任由情緒處理問題，先放鬆心情，思考該如何做，千萬別讓「不可能」、「沒辦法」等負面思維操控自己。

即使是有頭髮的人，對於一把梳子也多少會有「可買可不買」的心態，因此要從別人的口袋裡掏出錢來，畢竟不是一件那麼容易的事。

推銷一樣商品時，一般人通常只會用固定的角度，強調這項商品已爲人熟知的優點，至於聰明的人，則能夠依不同對象的需求，使手上的產品具備不同的功能，並且看到更多的商機。

人生也是如此，別老是看著同一個方向，試著轉個彎，想法一改變，你的道路自然也就變寬廣了。

千萬不要輕易放棄自己

信心產生力量，力量可以創造奇蹟，不要不敢相信，因為事實總會令人跌破眼鏡。

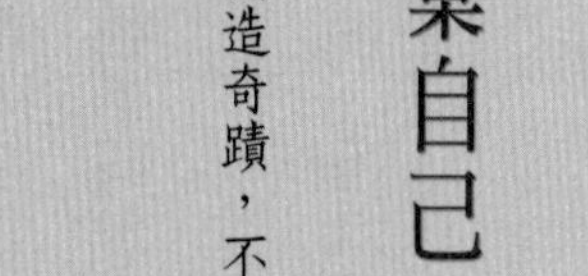

一個半聾的孩子哭哭啼啼地從學校回到家裡，交給媽媽一張老師寫的紙條，紙條上面寫著：「這個孩子資質拙劣，智能不足，根本無法獨立學習，再怎麼教也是徒勞無功，只會拖累全班的進度，為了大家都好，希望妳能幫孩子辦理自動退學。」

母親看完紙條後，聲淚俱下，哭得肝腸寸斷，十分心疼自己的孩子，但是幾度去學校交涉，都被校方駁回，因為他們認為老師的考量是正確的，這個孩子實在太笨了。

這位媽媽並不因此而氣餒，即使全天下的人都放棄這個孩子，自己絕對不能放棄！她相信只要用心栽培，孩子是可以有無限潛能的，既然老師不願意教，那就自己來教吧！

在母親堅定的信念，以及不厭其煩地反覆教導下，這個看似什麼也學不會的孩子一天比一天進步。

經過長年的努力後，這個曾經被全世界放棄的孩子，最後竟發明了電燈照亮了全世界。他就是湯姆．愛迪生。

他一生中發明了一千多種電器，當他去世時，整個美國都熄燈一分鐘，以紀念這位偉大的「發明之父」。

情緒決定你的格局

班傑明．富蘭克林曾經說過：「人們無法根據一本書的封面，來判斷一本書的價值。」

同樣的道理，你怎麼能憑一個人的外表，就判定他的內在呢？

成功的男人背後總有一個偉大的女人。

如果愛迪生沒有一個這麼偉大的母親，他日後也無法做出這麼多對人類生活的偉大貢獻。

當全世界都放棄他時，只有母親的雙手，依然堅定地扶持在他身邊。信心可以產生力量，力量可以創造奇蹟，不要不敢相信，因爲事實總會令人跌破眼鏡，愛迪生就是最好的例子。

如果你滿懷著理想，但卻沒人賞識，千萬不要輕易放棄自己，誰知道你不會是另一個愛迪生呢？

失敗愈多次，就與成功愈靠近

有嘗試就一定會有失敗，失敗的次數越多，你記取的教訓就越多，也得到了更多捲土重來的籌碼。

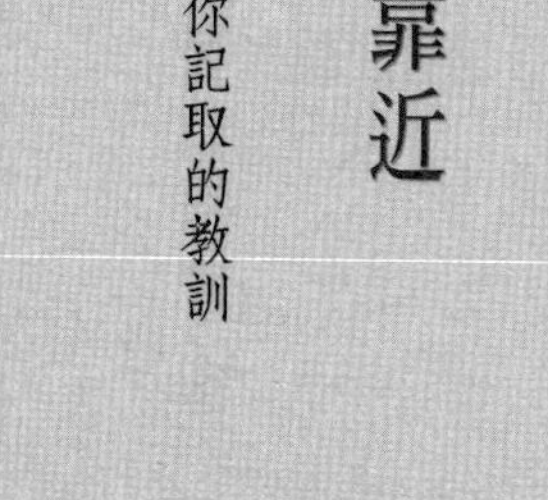

一年之內，這已經是皓偉的第六次失敗了。

皓偉原本是學校裡的高材生，前途無可限量，豈知一出了校園，就像被人詛咒一般，處處碰釘子。

雖然他的托福考了五百多分，但是一家美商公司卻認爲他的口語不夠流利，拒絕聘用他；他擁有電腦技能證照，但是另外一家公司卻嫌他打字的速度太慢，給他吃了閉門羹。

好不容易找到了一份穩定的工作，部門經理卻處處和他針鋒相對，提出許多不合理的要求，結果，他主動炒了老闆魷魚。

相同的戲碼一直重複放映著，第四次、第五次、第六次……皓偉心灰意冷，黯然地說：「一次又一次地失敗，我花了一年的時間，只換來了六次失敗。」

父親看見他一副垂頭喪氣的模樣，非常於心不忍，這個優秀的兒子曾經是多麼意氣風發呀！如今卻爲了一點挫折，喪失了對自己的信心。

於是，父親拿了兩杯酒，來到兒子的身旁，對他說：「來，我們父子倆喝一杯，爸爸講個笑話給你聽。有一個探險家出發前往北極，但是最後他卻到了南極，人們問他爲什麼，探險家回答說，因爲我只帶了指南針，所以找不到北極。」

「這個探險家也未免太笨了吧！南的對面不就是北嗎？轉個身就可以了啊！」兒子立刻反駁道。

「是啊！這個探險家眞的很笨，他知道南的對面是北，卻不知道失敗的對面就是成功，只要他轉個身就可以了。」爸爸笑著說。

凱撒大帝說：「最困難的時候，就代表著我們離成功不遠了。」

失敗爲成功之母，這句話說得一點兒也沒錯，發明飛機的萊特兄弟、不停做實驗的居禮夫人、不斷研究程式的比爾蓋茲，有哪個人不是經過了一次次的失敗，才磨練出一身的好本領？

有嘗試就一定會有失敗，失敗的次數越多，你記取的教訓就越多，也得到了更多捲土重來的籌碼。

不要畏懼失敗，只要努力不懈，下一次，你一定能表現得更好。有朝一日，當你登上成功者的寶座時，你最感謝的，將會是今日的失敗。

不要貪圖不勞而獲的禮物

收到不勞而獲的禮物前，請先想想自己付出了多少，天底下沒有白吃的午餐，小心禮物的背後，得付出更大的代價。

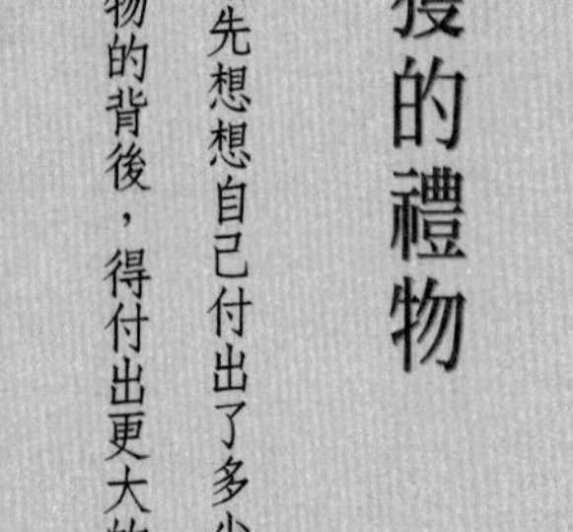

有一對結縭多年的夫妻，一直過著忙碌而平淡的生活。

一天，他們下班回家之後，赫然發現信箱裡放著兩張星期六晚場電影的門票，而且這部電影還是剛上檔的熱門新片，地點在全市最大的影城，而且座位還是貴賓席。

夫妻倆都以爲這應該是哪位知心好友的安排，想起他們結婚多年，已經好久沒有一起出門看電影了，不如就順著人家的一番好意，兩人重溫一下約會時的甜蜜吧！

星期六晚上，夫妻倆打扮得漂漂亮亮的，高高興興地出門去了。電影相當精采，戲院的座位也十分舒適，他們過了一個非常愉快的夜晚。

但是，好戲還在後頭，當他們意猶未盡地回到家時，發現自己的家門居然是開著的，屋內像蝗蟲過境一般，家具被搬得東倒西歪，衣服鞋子也都灑滿了一地，所有貴重物品全都不翼而飛，更遑論夫婦倆辛辛苦苦積存了好幾年的積蓄了。

機警的太太連忙奔向廚房，檢查她藏在冷凍庫裡的金塊還在不在，卻只見冰箱門上貼著一張紙條，上頭寫著幾個大字：「謝謝你們的合作。」

情緒決定你的格局

那兩張出現在信箱中的電影票，根本就是小偷的傑作，目的是爲了支開夫婦，好讓自己可以上門爲所欲爲，而兩夫婦不疑有詐，竟心安理得地拿著天上掉下來的電影票，歡天喜地地上街去了。

現實生活中，類似的情節不停地在重演，騙人和被騙，往往都導因於相同的一個「貪」字，因小失大，也怨不得別人。

生活在這個騙徒橫行的年代，往往一不留神就淪爲被算計的對象。遭到詐騙，生氣憤怒於事無補，只能提醒自己不要犯第二次錯誤。

有人說，在人性的國度裡，貪念就是受騙上當的代名詞。確實如此，心中沒有貪念，人就不會那麼輕易受騙。

收到不勞而獲的禮物前，請先想想自己付出了多少，天底下沒有白吃的午餐，小心禮物的背後，得付出更大的代價。

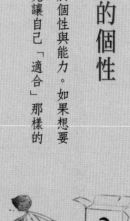

別被環境抹殺了自己的個性

一個人適合什麼樣的位置，取決於個性與能力。如果想要讓自己得到更美好的生活，就要先讓自己「適合」那樣的生活。

有兩隻老虎，一隻被關在籠子裡，一隻生活在森林裡。

籠子裡的老虎有人餵養，三餐無憂；森林裡的老虎活蹦亂跳，逍遙自在。籠子裡的老虎總是羨慕森林裡的老虎可以享受無限的自由，森林裡的老虎卻羨慕籠子裡的老虎不必爲食物而發愁。

一天，不知道哪一隻老虎率先提議，向另外一隻老虎說：「不如咱們交換身分吧。」另外一隻老虎覺得這是個好主意，於是，籠子裡的老虎重新獲得了自由，森林裡的老虎自願被關進籠子。

從籠子裡走出來的老虎感到無比開心，牠已經好久沒有這麼自由自在地伸展筋骨、揮動拳腳了。

被關進籠子裡的老虎也感到非常滿足，牠終於過著夢寐以求「茶來伸手，飯來張口」的無憂生活。

然而，沒過多久，兩隻老虎竟然都死了。

從籠子裡走出來的老虎雖然獲得了自由，但是卻沒有同時獲得捕食的本領，所以活活餓死了；關進籠子的老虎雖然生活得輕鬆安逸，但是卻無法適應狹小的生活空間，所以一天比一天不快樂，終至抑鬱而死。

情緒決定你的格局

有沒有平心靜氣想過，我們所過的生活，也許不是最令人滿意的，但是卻可能是最適合自己的？

每個人都希望能夠過得更好，但若沒有具備CEO的決策才能，缺乏豪門千金的高貴教養，沒有商業鉅子的投資膽識，也沒有天王巨星的抗壓能力，卻硬把自己放到那麼一個高高在上、看似美好的位置上，恐怕只會讓自己過得比從前更加不快樂。

一個人適合什麼樣的位置，取決於他的個性與能力。如果想要讓自己得到更美好的生活，就要爭氣一些，先讓自己「適合」那樣的生活，尤其是要想辦法讓自己去適應美好的生活中最不美好的那個部分。

量力而為才能掌握機會

一個人要知道自己的極限在哪裡，才能為自己設定目標，不盲目追求從天邊飛過的機會，努力抓住一切在自己身旁的機會。

有個漁夫每天早出晚歸的捕魚，雖然他非常辛勤地工作，但是卻賺不了多少錢。漁夫的心裡非常明白，靠捕魚維生，自己是永遠不會成爲富翁的。

那麼，要怎麼樣才會成爲富翁呢？

漁夫想起了父親臨終前對他說過的話，父親說：「附近的海底下有一艘裝滿了金銀珠寶的輪船，聽說是遇上暴風雨所以才沉沒的。孩子，要是你能夠找到它的話，這一輩子就都不用愁了！」

於是，漁夫決定要碰一碰自己的運氣，他用白天的時間出海捕魚，夜晚則拿著手電筒賣力地尋找那艘傳說中的沉船。

或許是他的勤奮感動了老天，一天，漁夫出海捕魚的時候，突然覺得魚鉤一沉，怎麼拉也拉不上來。

這下子，肯定是釣到了一條大魚！

漁夫興奮地拉動釣竿，但是那條大魚卻似乎異常的沉重，他得採取拔河般的姿勢，才能緩緩的拉起魚竿。

啊，好不容易終於拉上來了！漁夫覺得眼前一亮，掛在魚鉤上的不是條大魚，而是一條金光閃閃的金鏈子。

「爸爸說得一點也沒錯，海裡真的有載滿金銀珠寶的沉船，這條鏈子一定是那艘船上的！」

漁夫高興得手舞足蹈，笑得好不開懷，可是，這條金鏈子不知道有多長，在漁夫的小船上繞了好幾個圈，眼看整艘船的空間都要被金鏈子佔滿了，還是看不見金鏈子的盡頭。

小小的漁船哪裡承受得了這麼多金屬的重量，漸漸一吋一吋地往下沉沒。

然而，漁夫只是一味地沉浸在他的發財夢裡，計劃著要用這筆錢買個大房子、買輛名牌跑車、送老婆漂亮衣服、帶全家人出國去玩……一點兒也沒有發覺腳底下的舢板因爲承受不了超量的負載，正慢慢地龜裂著。

此時，只聽見「轟」地一聲，整艘船突然沒入海中，漁夫因爲緊握著沉重的金鏈子，最後也只能帶著沒有做完的發財夢一同葬身海底。

情緒決定你的格局

不管做什麼事，都必須經過理性思考，然後再採取行動，才不至於犯下無法挽救的錯誤。

人生最失意的事情，莫過於機會來了，卻沒有能力抓住。

幾乎每個人都曾經像故事中的這名漁夫一樣，一邊努力耕耘一邊祈求上蒼的眷顧。然而，當幸運之神眞的出手拉你一把，眞的可以一飛沖天？還是只會飛上雲端，然後又狠狠地跌了下來？

人的潛力固然無可限量，但是人的能力卻大多有所限制。知道自己的極限在哪裡，一方面可以保障自己的安全，不令自己招致危險，另外一方面也可以促使自己突破界線，更進一步。

更重要的是，一個人要知道自己的極限在哪裡，才能爲自己設定準確的目標，積極上進，爭取榮譽，而不是盲目追求那些從天邊飛過的機會，並且知道該努力抓住一切在自己身旁的機會。

生活良品

31

情緒決定你的格局

作　　者　凌　雲
社　　長　陳維都
藝術總監　黃聖文
編輯總監　王　凌
出 版 者　普天出版家族有限公司
新北市汐止區忠二街 6 巷 15 號
TEL / (02) 26435033 (代表號)
FAX / (02) 26486465
E-mail：asia.books@msa.hinet.net
http://www.popu.com.tw/
郵政劃撥 19091443 陳維都帳戶
總 經 銷　旭昇圖書有限公司
新北市中和區中山路二段 352 號 2F
TEL / (02) 22451480 (代表號)
FAX / (02) 22451479
E-mail：s1686688@ms31.hinet.net
法律顧問　西華律師事務所・黃憲男律師
電腦排版　巨新電腦排版有限公司
印製裝訂　久裕印刷事業有限公司
出 版 日　2021 (民 110) 年 6 月第 1 版
I S B N◉978-986-389-778-1　條碼 9789863897781

國家圖書館出版品預行編目資料

情緒決定你的格局／
凌雲著.—第 1 版.—：新北市,普天出版
民 110.6 面；公分. - (生活良品；31)
I S B N◉978-986-389-778-1 (平裝)

普天之下・盡是好書
普天出版家族
Popular Press Family
凌雲文創
A-Plus Creative Company